Este es un libro bien escrito, cuya lectura es fluida, pero más importante aún, presenta un modelo bien fundamentado, el cual viene a llenar un vacío temático: el cuidado del cuidador, que a menudo se da por sentado, y no se aborda de forma sistemática. En su obra, el Dr. Marín guía al lector paso a paso hacia la formulación de un plan de autocuidado, el cual se sustenta en componentes derivados de la literatura científica; desde mi óptica es un trabajo pionero en idioma castellano, por lo que puede servir de base para la formación de profesionales en áreas de servicio, además de estimular investigación adicional sobre el tema. Lo recomiendo ampliamente a alumnos y colegas.

Dra. Carolina Santillán Torres Torija
Psicóloga, terapeuta cognitivo conductual e investigadora.
Profesora Asociada "C" de Tiempo Completo.
UNAM, FES Iztacala.

* * *

Quiero resaltar la relevancia que tiene el material realizado por el Dr. Miguel Marín Tejeda, obra que debe de ser obligada para todo profesional dedicado al cuidado y trato de otros, y de sobremanera a la salud mental y física. Sin duda una obra recomendada para todo estudiante, egresado y profesional de las ciencias humanas, donde se aborda de forma práctica, clara y concisa, tanto el aporte teórico, como de autoconocimiento para la detección, atención y mejora del cuidado que como persona dedicada a labores de asistencia se requiere. Obra de referencia básica para el trabajo en salud.

Mtra. Lilia García Salas
Coordinadora de la Unidad Académica 09 "San Pedro Xalosctoc".
Universidad Digital del Estado de México.

* * *

Excelente libro del Dr. Marín para profesionales que están propensos al desgaste laboral, o que ya lo sufren, debido a la atención de población vulnerable. El Dr. Marín nos lleva de la mano, de una manera amigable y profesional, a alcanzar un estado armónico dentro de estas nobles actividades, por medio de reflexiones profundas, ejercicios prácticos e información invaluable. Altamente recomendable para profesionales que buscan su autocuidado y superación tanto profesional, personal como espiritual. ¡Este libro no debe de faltar en cualquier consultorio!

Roberto I. Patoni.
Lic. en psicología, UNAM.
Psicoterapeuta cognitivo-conductual con 15 años de experiencia clínica.
Psicoterapeuta en Facultad de Contaduría y Administración de la UNAM.
Precursor de la psicoterapia vía internet en México, UNAM.
Catedrático, Facultad de Psicología UNAM, UIC, UVM.
Practicante de budismo por más de 12 años y arquería japonesa-zen (KYUDO).

* * *

Leí el libro del Dr. Miguel Marín Tejeda, motivo por el cual me permito recomendar ampliamente el material, ya que su publicación beneficiará a las organizaciones no lucrativas debido a que la temática que aborda atiende la problemática a la que estas se enfrentan.

Lic. Ana Silvia Naime Atala
Psicóloga, directora de la Fundación Vemos con el Corazón I.A.P.

* * *

Desde la óptica de una organización de la sociedad civil dedicada al trabajo con niños, niñas, adolescentes y sus familias que viven severas situaciones de exclusión y violencia que les vulneran severamente, consideramos de la mayor relevancia contar con este tipo de material que acompaña al profesional en su necesario proceso de trabajo personal, para así reconocer las implicaciones en la labor que realiza, y de este modo, llevar a cabo con mayor seguridad, su tarea como promotor del bienestar y la salud emocional de las personas. Por lo anteriormente expuesto recomiendo ampliamente este material.

Laura Alvarado Castellanos
Psicóloga. Fundadora y Directora de Fundación Pro Niños de la Calle I.A.P.

Confirmo la relevancia que tiene el material realizado por el Dr. Miguel Marín Tejeda, obra que debería ser obligada para todo profesional dedicado al cuidado y trato de otros. En mis 24 años de trabajo en asistencia social no había conocido un documento de lectura fluida, que abordara de forma práctica, clara y concisa un aporte teórico y, sobre todo, para mí lo más importante, que guiará al lector paso a paso hacia la formulación de un plan de autocuidado para el cuidado del cuidador. No dudo en recomendarlo a mis compañeros.

María de Lourdes Hernández López
Trabajadora Social.
Directora de Talento y Desarrollo Humano en
Fundación Casa Alianza México, I.A.P.

* * *

Me siento muy honrada al haber sido considerada para poder compartir mi opinión sobre la valiosa obra que ha trabajado el Dr. Miguel Marín Tejeda. He tenido la fortuna de revisar y estudiar su contenido y no cabe duda que se convertirá en un libro de referencia obligada para las personas que desempeñamos nuestra labor profesional en alguna Organización No Gubernamental (ONG). La obra refleja una realidad que vivimos muchas de las personas que tenemos contacto directo con sectores vulnerables de la población, llevándonos a conocer y entender lo que a nosotros y a nuestros colaboradores cercanos nos sucede, y lo más importante es que nos ofrece herramientas prácticas para afrontar estas situaciones en el día a día.

Patricia Vidaña Hoyos
Directora general de Fundación Vifac A.C.

* * *

Difícilmente encontraremos en la literatura en castellano otro texto que describa como en este, de una manera estructurada y amena, los pasos para formular un plan de autocuidado. El cuidado del cuidador será cada vez un tema de mayor importancia dado el incremento en el número de organizaciones de la sociedad civil dedicadas a actividades de este tipo y la complejidad de las situaciones a las que se enfrentan quienes en ellas laboran.

En lo personal me encuentro en proceso de formular un plan de autocuidado como el recomendado por el libro; he reconocido acciones, facetas y elementos que se presentan en mi trabajo que no habían sido evidenciadas y que de otra forma, sin la guía como la que nos ofrece este libro, podrían llegar a convertirse en obstáculos para mi desempeño profesional. Un texto como este debería formar parte de cualquier proceso de fortalecimiento de organizaciones de la sociedad civil, en especial de aquellas que trabajan con grupos vulnerables y en situación de riesgo como la nuestra. Comparto esta publicación con colegas y amigos.

Ing. Rosario Álvarez Gutiérrez
Directora general de Fundación Tarahumara José A. Llaguno, ABP.

* * *

Es grato recomendar esta publicación, la cual centra su atención en la reflexión, entendida como el observarse a uno mismo como parte del proceso, ampliar el ángulo de la fotografía para ver no solamente a aquellos que necesitan el apoyo psicológico, sino con una mirada panorámica en la cual aparece también el que escucha. No me queda duda que será un texto de referencia sobre el tema del desgaste profesional por empatía, del cual poco se ha escrito en español y servirá para un amplio sector de profesionistas que trabajan con la salud. El plus de esta obra es que no se queda en la palabra sino va a la acción, completa el círculo que permitirá ir más allá de un texto de consulta hacia un proceso de cambio y mejora, por ende, de la atención psicológica. Así mismo, las instituciones que trabajan con el cuidado de la salud pueden tomarlo como base para capacitaciones y con ello actuar desde la prevención en todos los niveles.

José Alberto Vargas Castillo
Maestro en psicología por la UNAM.
Terapeuta familiar desde el 2005, docente en el posgrado de terapia familiar de la UVM y la Universidad de Londres.
Ha realizado estudios sobre el tema de la violencia y el abuso sexual infantil.
Es coordinador de programas de Bachillerato a Distancia, CUAED, UNAM.

Cuídate para cuidar a otros

Programa para evitar el desgaste de los que trabajamos ayudando a los demás

Miguel Marín Tejada

EL LIBRO MUERE CUANDO LO FOTOCOPIAN

Amigo lector:

La obra que tiene en sus manos es muy valiosa. Su autor vertió en ella conocimientos, experiencia y años de trabajo. El editor ha procurado una presentación digna de su contenido y pone su empeño y recursos para difundirla ampliamente, por medio de su red de comercialización.

Cuando usted fotocopia este libro o adquiere una copia "pirata" o fotocopia ilegal del mismo, el autor y editor no perciben lo que les permite recuperar la inversión que han realizado.

La reproducción no autorizada de obras protegidas por el derecho de autor desalienta la creatividad y limita la difusión de la cultura, además de ser un delito.

Si usted necesita un ejemplar del libro y no le es posible conseguirlo, escríbanos o llámenos. Lo atenderemos con gusto.

Editorial Pax México

Título de la obra: *Cuídate para cuidar a otros*

Coordinación editorial: Danú Hernández Jiménez
Portada: Víctor Santos Gally
Diagramación: Ediámac

© 2016 Editorial Pax México, Librería Carlos Cesarman, S.A.
    Av. Cuauhtémoc 1430
    Col. Santa Cruz Atoyac
    México DF 03310
    Tel. 5605 7677
    Fax 5605 7600
    www.editorialpax.com

Primera edición
ISBN 978-607-9472-09-2
Reservados todos los derechos
Impreso en México / *Printed in Mexico*

A mis hijos
José Miguel y Dalia

Mi mayor orgullo y principal inspiración y
motivación de vida

Agradecimientos

Este libro es resultado del esfuerzo de muchas personas que contribuyeron de una u otra manera a su creación, por estas razones me disculpo anticipadamente ante la imposibilidad de dar créditos individuales –como es mi deseo–, confío en que cada uno de ustedes se sepa representado en estas líneas. En primer lugar, quiero agradecer a la Fundación Quiera por creer en el proyecto y respaldarlo: sin ustedes, el sueño de muchas personas no podría hacerse una maravillosa realidad. En segundo lugar, deseo brindar un reconocimiento a cada uno de los profesionales que laboran en las organizaciones civiles de todo el país: su vocación, entusiasmo y entrega por ayudar a otros sigue siendo un ejemplo de que es posible lograr un mejor país y un mejor mundo para todos; en particular, quiero agradecer a cada uno de los participantes de los talleres de autocuidado, como podrán notar, ustedes me han mostrado el mejor camino para enseñar a otros a cuidarse. Muchas gracias a mis alumnos del diplomado para la atención del estrés postraumático, su contribución también está presente.

Gracias a los profesionales que se tomaron el tiempo para revisar el documento final, comentarlo, criticarlo y respaldarlo, en especial a quienes asentaron por escrito su apoyo al mismo.

Gracias a mi familia, mi esposa y mis hijos que cedieron parte de su tiempo para hacer posible este libro, en especial, agradezco mucho a mis padres y mis suegros, cuyo afecto y orientación ha sido clave en todos sentidos.

A todos y a cada uno de quienes trabajamos en la asistencia de los más vulnerables de la sociedad: mi más profundo agradecimiento, afecto y admiración, son ustedes héroes anónimos a quienes deseo honrar con esta obra. ¡Gracias!

Índice

Presentación xv
Prólogo xvii
Introducción xix
    Las personas al cuidado de otros
        también necesitamos ayuda xix
    Origen del modelo xxi
    Organización del libro xxii
    Condiciones básicas para implementar
        el plan de autocuidado xxiii
    Reflexión inicial xxix

Primera parte. Entendiendo el problema 1

CAPÍTULO 1. EL COSTO DE AYUDAR: *BURNOUT*,
FATIGA DE COMPASIÓN Y TRAUMA VICARIO 3
    Definición de conceptos 4
        Satisfacción en la compasión (SC) 5
        Burnout (BO) 5
        Fatiga de compasión (FC) 7
        Trauma primario (TP) 9
        Trauma vicario (TV) o trauma secundario 11
        Estrés moral (EM) 13
    Ejercicios del capítulo 14
    Conclusión 16

CAPÍTULO 2. TOXICIDAD LABORAL Y ÁREAS DE DESAJUSTE 17
    Las áreas de la vida laboral 17
        Problemas con la carga de trabajo 18
        Problemas en el área de control 20
        Problemas en el área de las recompensas 22
        Problemas en el área de comunidad (relaciones) 23
        Problemas en el área de justicia y equidad 25
        Problemas en el área de los valores 27
        Problemas propios de la labor asistencial 28

Ejercicios del capítulo 30
Conclusión 32
CAPÍTULO 3. CARACTERÍSTICAS DE TU PERSONA QUE
TE PONEN EN RIESGO 33
    Características inherentes a las personas
    asociadas a mayor riesgo de burnout 33
    Factores de personalidad asociados al burnout 35
    Factores de salud mental 38
    Estilos de afrontamiento y burnout 39
    Ejercicios del capítulo 42
    Conclusión 46
CAPÍTULO 4. PREVALENCIA DEL PROBLEMA EN
PROFESIONES DE RIESGO 47
    Prevalencia de burnout, fatiga de compasión y trauma
    vicario en profesiones de riesgo 47
        Medicina 48
        Enfermería 49
        Asistencia social 50
        Salud mental 52
        Enseñanza 53
        Defensa legal 54
        Seguridad pública 55
    Prevalencia en población mexicana 56
    Reflexiones del capítulo 58
    Conclusión 59

Segunda parte. Autoexploración de síntomas 61
CAPÍTULO 5. FASES DEL BURNOUT 63
    Las 12 fases del burnout 63
    Ejercicios del capítulo 67
    Conclusión 68
CAPÍTULO 6. DETECCIÓN DE SEÑALES TEMPRANAS DE ALARMA 69
    Concepto de prevención 69
        Prevención universal 70
        Prevención selectiva 70
        Prevención indicada 70
    Importancia del automonitoreo 71
    Signos y síntomas de alarma 72
        Síntomas físicos 72
        Síntomas conductuales 74

Síntomas psicológicos 78
Ejercicios del capítulo 80
Conclusión 83
CAPÍTULO 7. AUTOEVALUACIÓN Y MONITOREO DE SÍNTOMAS 85
Evaluación de tu calidad de vida profesional 85
Autoevaluación con el Pro-QOL 5 87
Reflexiones del capítulo 95

Tercera parte. Formulación de un plan de autocuidado 97
CAPÍTULO 8. PREPARACIÓN PARA EL CAMBIO: LISTA DE RECURSOS ... 99
¿Qué es un plan de autocuidado? 99
Objetivos de un plan de autocuidado 100
Formulación de un plan de autocuidado 103
Reflexiones del capítulo 105
CAPÍTULO 9. INCREMENTA EL GRADO DE ATENCIÓN Y
CONSCIENCIA 107
Autoobservación y autoconocimiento 107
Recurso 1: Crea consciencia de la necesidad de cambiar ... 109
Recurso 2: Detecta tus principales estresores 111
Recurso 3: Aprende a identificar tus síntomas
de desgaste 113
Reflexiones del capítulo 114
CAPÍTULO 10. ROMPE TU AISLAMIENTO 115
Importancia del vínculo entre personas 115
Recurso 4: Consigue cómplices/monitores 116
Recurso 5: Realiza un inventario de tus acciones
actuales de autocuidado 120
Reflexiones del capítulo 122
CAPÍTULO 11. ESTABLECE UN BALANCE TRABAJO/VIDA PERSONAL ... 125
Importancia de cultivar una vida personal satisfactoria 125
Recurso 6: Planeación de la separación
trabajo/vida personal 128
Recurso 7: Implementa estrategias para establecer 135
un balance trabajo/vida personal 135
Reflexiones del capítulo 143
CAPÍTULO 12. FORMULA UN PLAN ESTRUCTURADO POR ESCRITO ... 145
Establecimiento de metas para lograr autorregulación 145
Recurso 8: Elige al menos una acción de autocuidado
de cada área 147
Recurso 9: Formula por escrito tu plan de autocuidado ... 150

Recurso 10: Firma una carta compromiso de cambio 152
Recurso 11: Desarrolla habilidades de autocuidado 152
especializadas 152
Recurso 12: Practica en forma rutinaria tus acciones
de autocuidado 154
Recurso 13: mide periódicamente tus niveles
de burnout, fatiga de compasión y trauma vicario 155
Recurso 14: revisa y ajusta periódicamente
la efectividad de tu plan 155
Reflexiones del capítulo 157

Cuarta parte. Herramientas de autocuidado en la práctica 159

CAPÍTULO 13. *MINDFULNESS* COMO RECURSO DE AUTOCUIDADO . . . 161
Mindfulness como recurso de autocuidado 161
Técnica de mentalización o mindfulness 163
Principios del mindfulness 163
Definición de mindfulness 164
Requerimientos indispensables
para practicar mindfulness 165
Requerimientos materiales para practicar *mindfulness* 167
Práctica de la respiración mentalizada 167
Instrucciones para la práctica 167
Práctica informal de respiración mentalizada 170
Instrucciones para la práctica informal 170
Conclusión 172
CAPÍTULO 14. ESTRATEGIAS PREVENTIVAS EN LAS ORGANIZACIONES . . . 173
Factores de desgaste en las organizaciones
de asistencia 173
Modelo de prevención gerencial del estrés 176
Principios del modelo preventivo 176
Componentes del modelo preventivo
en las organizaciones 178
Estrategias preventivas en instituciones de asistencia 180
Prevención centrada en la persona 180
Prevención centrada en la actividad laboral 183
Conclusión 184
Reflexiones del capítulo 185
Epílogo 187
Referencias bibliográficas 193
Acerca del autor 207

Presentación

Después de más de dos décadas de trabajo constante, Fundación Quiera ha transformado la historia de cientos de miles de niños y jóvenes mexicanos.

Quiera, Fundación de la Asociación de Bancos de México, A.C., nace hace 22 años con un claro objetivo: mejorar la calidad de vida de los niños y jóvenes en situación o riesgo de calle y/o trabajadores. Esta misión no podría llevarse a cabo sin el compromiso, esfuerzo y trabajo constante del personal de las llamadas Instituciones Amigas de Quiera (IAQs), que son quienes directamente realizan el trabajo con los niños y jóvenes, con sus familias y con la comunidad en donde se desenvuelven.

Los directivos, educadores, psicólogos y demás colaboradores de estas instituciones son quienes, al cuidar y brindar atención a esta población vulnerable, están expuestos a un desgaste emocional constante. Las historias de vida y las problemáticas que están tratando de erradicar no son fáciles de manejar; sabemos que son expertos y profesionales pero no podemos olvidar que son seres humanos sensibles al dolor y al sufrimiento de otros.

En Fundación Quiera nos dimos cuenta de lo importante que es también "cuidar a quienes cuidan"; ellos son el pilar de las instituciones y el recurso más valioso para la atención de los niños y jóvenes más frágiles de nuestro país. El que cuenten con herramientas que les permitan mantener el equilibrio emocional es fundamental para proporcionar la atención adecuada a los beneficiarios.

Por todo esto, en el 2014 nos comprometimos a buscar una alternativa para el cuidado y atención de los directivos y el personal que trabaja en nuestras IAQs. Así impulsamos primero, junto con el Fideicomiso por los Niños de México Todos en Santander, el proyecto de: Contención emocional para la prevención y disminución del burnout, dirigido a un grupo de directivos de diferentes instituciones, a fin de brindarles un espacio de contención y soporte para disminuir el burnout, los efectos del trauma vicario y la fatiga de compasión y proporcionarles herramientas de manejo emocional que facilitaran su autocuidado y les permitieran ampliar habilidades para realizar con mayor eficiencia su labor de ayuda.

Al impulsar este proyecto y con el propósito de que cada día fueran más las personas dedicadas al cuidado de terceros beneficiadas, se buscó que el proceso de contención emocional con el grupo de directivos estuviera al alcance de otros. Así, en mayo de 2015 realizamos una Reunión Interinstitucional en la que el Dr. Miguel Marín, autor de este libro y aliado y asesor de Quiera desde hace más de 10 años, dirigió a 96 directivos, psicólogos y colaboradores de 23 IAQs en el Distrito Federal y 29 en el interior de la República, un taller de prevención en salud emocional. En él se hizo hincapié en la importancia del autocuidado y se dieron herramientas para realizar un plan de autocuidado a nivel personal e institucional.

Finalmente, para hacer llegar a más personas las herramientas de contención emocional y prevención y disminución del burnout, el trauma vicario y la fatiga de compasión, Fundación Quiera promovió la elaboración y colaboró en la edición de este libro, el cual pretende ser un programa de fácil implementación para el autocuidado y prevención del desgaste emocional, que pueda ser utilizada por todos aquellos que, por la actividad que desempeñan, se encuentran sujetos a un desgaste emocional continuo.

Desde 2010, cuando Fundación Quiera incorpora formalmente a su modelo de atención el área de Salud Mental, nos comprometimos a mejorar la salud emocional de niños, jóvenes y personal de las instituciones que apoyamos. Este libro refrenda la responsabilidad que tenemos con cada una de las personas que día a día entregan su trabajo y profesionalismo para servir a los demás y representa para nosotros una forma de "cuidar a quienes cuidan". ¡Gracias a todos ellos!

Mónica Santamarina de Robles
Presidenta de Quiera, Fundación de la
Asociación de Bancos de México, A.C.

Prólogo

Cuando el autor del libro me invitó a escribir el prólogo de su más reciente obra acepté de inmediato, no solo por la alta estima que le tengo por tratarse de un gran ser humano, también porque sabía que sería un texto que valdría la pena, conozco de sus altas capacidades académicas, de las cualidades de su escritura, y de su talento como terapeuta. Cuando me percaté del tema que el libro aborda corroboré que se trata de un texto que hacía mucha falta por diversas razones. A continuación, me permitiré abordar al menos una de ellas.

En las últimas décadas se han incrementado los esfuerzos para el desarrollo e implementación de programas de *ayuda para los que ayudan*. Sin embargo, los materiales para llevarlos a cabo en países de habla hispana son la excepción más que la regla. Me resulta esperanzador que hoy contemos con este libro de actividades paso a paso en nuestro idioma para lograr tal propósito. Pienso en las grandes posibilidades que se abren para su uso generalizado en nuestro contexto. Esos serán, sin duda, mejores días para la salud mental. Es claro que los terapeutas precisan y merecen encontrarse en óptimas condiciones personales e institucionales para brindar servicios de calidad a quienes les requieren.

El libro comienza hablando directamente con nosotros los dedicados a ayudar a otros, invita a que experimentamos personalmente su lectura; no se trata más de un texto que habremos de entender para aplicar en otros, nos pide en cambio un compromiso con la congruencia implicada en cuidar de forma seria y dedicada de nosotros mismos tal como pretendemos hacerlo con nuestros pacientes. Así, el autor, como el experto en la modificación de conductas complejas que es, comienza por motivarnos al cambio antes de solicitar siquiera un ejercicio simple para lograrlo. Sabedor de que el autocuidado de los terapeutas y demás profesionales dedicados a ayudar a otros no es tan frecuente como desearíamos que fuera, se ocupa primero de hacernos ver que tenemos el mismo derecho a una vida plena y equilibrada que todos nuestros pacientes, y que es posible tenerla si trabajamos activamente en ello.

Ofrece entonces el modelo de autocuidado que ha desarrollado con base en una extensa revisión de la literatura y de su amplia experiencia clínica al respecto. De esta manera logra incluir, de forma por demás lógica y organizada, todos los componentes terapéuticos principales para lograr el bienestar de los que ayudan, desde los más básicos y tradicionales como la información acerca de los problemas a los que nos enfrentamos al realizar nuestra labor, hasta los más complejos y novedosos en la práctica clínica actual, como el uso de las técnicas *mindfulness* (denominadas en español *de atención* o *consciencia plena*).

No conforme con abordar las estrategias útiles para la autoaplicación por parte de los terapeutas, incluye también las recomendaciones para trabajar por el bienestar de los que ayudan desde la institución donde laboran. Lo hace tomando en cuenta el estado de sobresaturación y alta demanda en el que se encuentran muchas de las instituciones de salud de países como el nuestro en donde existe mayor riesgo de agotamiento laboral, y entonces también mayor necesidad de orientar esfuerzos personales y organizacionales para prevenirle.

Al terminar de leer el texto haciendo las reflexiones y demás actividades sugeridas –incluyendo el desarrollo e implementación de mi plan de autocuidado bajo el monitoreo del maravilloso cómplice que seleccioné– el incremento en mis habilidades para el autocuidado se vio reflejado en las diferentes medidas de evaluación que se proporcionan, y más aún, en una sensación de mayor bienestar vital; espero que lo mismo ocurra todo aquel que tenga este libro en sus manos. Gracias Miguel, por ayudar a ayudarnos.

Dra. Rebeca Robles García
Miembro del Sistema Nacional de Investigadores.
Instituto Nacional de Psiquiatría Ramón de la Fuente Muñiz.

Introducción

Las personas al cuidado de otros también necesitamos ayuda

> "En este punto, mi supervisor me ofreció una metáfora que he llevado conmigo. Me dijo: 'El corazón bombea sangre primero para sí mismo, antes de bombear sangre para el resto del cuerpo. Si no lo hiciera así, moriría, y entonces el resto del cuerpo moriría –también–. El arte de cuidar de otros implica aprender primero cómo cuidar de uno mismo. Recuerda esto'".[1]

¿Te has preguntado por qué elegiste desempeñar una labor de ayuda a personas vulnerables? ¿De dónde surge tu vocación e inclinación? ¿Por qué no puedes ser inmune al dolor y desamparo de los demás? Cabe decir que los profesionales al servicio de otras personas contamos con tal dedicación y compromiso que realizamos nuestra labor a pesar de grandes dificultades: bajo presupuesto, alta carga de trabajo, poco reconocimiento, recursos limitados y grandes exigencias en cuanto a resultados. Adicionalmente, una tarea común es la difícil misión de aliviar el dolor del prójimo, no solo en cuanto al aspecto físico, sino más importante aún: el emocional; por lo que a menudo estamos expuestos a historias traumáticas y a situaciones con difíciles dilemas éticos y morales, las cuales generan sufrimiento y requieren de soluciones. Los efectos progresivos de este tipo de trabajo pueden evidenciarse en cambios negativos en tu estado de ánimo, salud, nivel de energía y en tu disposición para disfrutar tu vida personal, es decir, para estar presente para tu familia y amigos.

Los profesionales que laboramos en el área de asistencia a personas que padecen algún grado de desamparo y/o vulnerabilidad, somos requeridos en forma incesante para otorgar nuestros recursos personales, lo cual realizamos de forma sincera y comprometida, pero sin poder evitar embargarnos de historias plagadas de dolor, con la inminente certeza de que siempre habrá más personas que requieren nuestra ayuda, más de las que es posible asistir. Además, es un hecho que muchos de nosotros no estamos entrenados para lidiar con la naturaleza traumática del trabajo que realizamos; por ejemplo, los cursos de licenciatura en Psicología e incluso aquellos que ofrecen entrenamiento en psicoterapia incluyen muy poca información relacionada con trauma psicológico, técnicas específicas de intervención y menos aún respecto a estrategias de autocuidado.

Por favor, tómate un tiempo para responder las siguientes preguntas y reflexiona tus respuestas:

1. ¿Fuiste entrenado en recursos emocionales para realizar tu trabajo?
2. ¿Estás capacitado para enfrentar el trauma de las personas a quienes ayudas?
3. ¿Cuentas con recursos de autocuidado? Si es así ¿cuáles?

Hablar de recursos emocionales implica crear ambientes laborales propicios para detectar y reducir a niveles realistas la carga de trabajo, disponer de mayor control sobre nuestros horarios, implica también la posibilidad de disponer de espacios de catarsis/elaboración emocional ante la sobrecarga derivada de ayudar a otros con su dolor, implica el compromiso de asumir la responsabilidad de nuestro bienestar, más que esperar que alguien más lo haga por nosotros o que el tiempo mejore espontáneamente nuestra situación. Entonces, podemos partir de la premisa de que la mejora en los recursos empieza con nosotros mismos, al asumir la responsabilidad de nuestro propio cuidado, con cambios que solo nos atañen a nosotros, y a nivel directivo, enfocados al aspecto organizacional de nuestra institución.

¿Por qué la necesidad de dedicar tiempo y energía a un trabajo de mejoramiento y recuperación del bienestar emocional?

Las personas que nos dedicamos a ayudar a otros lo hacemos con verdadera vocación y genuino interés por el bienestar de aquellos que nos necesitan; estamos dispuestos a brindar nuestros recursos (tiempo, afecto, intelecto e incluso dinero) al grado de descuidarnos, puesto que muchos de nosotros podemos ser capaces de reducir tales recursos no solo para nuestra persona, sino también para aquellos que forman parte importante de nuestra vida.

En este libro se habla de cómo debemos desempeñar nuestra labor sin ser desbordados por la carga emocional que implica brindar sostén y esperanza a otros, y de cómo podemos cuidar de nuestra persona ante las grandes exigencias del trabajo. La propuesta de esta obra apunta a generar un compromiso e involucramiento hacia el autocuidado, en donde la participación activa a nivel individual y organizacional es clave para generar una dinámica de protección frente al estrés y desgaste; para ello, considero importante tener congruencia: cuidar de nosotros mismos con la misma seriedad y entrega con que cuidamos a otros, porque merecemos estar sanos y disfrutar de una vida personal plena y equilibrada.

Origen del modelo

Inicié mi actividad como terapeuta de niños en situación de vulnerabilidad diez años atrás, desde entonces, mantengo contacto estrecho con personas que sufren debido a experiencias traumáticas e infancias desafortunadas; durante este tiempo he tenido el privilegio de colaborar con un equipo de profesionales altamente comprometido, con gran especialización y una vocación admirable, que aporta cada día lo mejor para aliviar este sufrimiento. A partir de la intención de cuidar y mantener a este recurso humano invaluable, en la Fundación Quiera surgió la inquietud de crear un modelo de intervención con enfoque preventivo, a través del cual se enseñaran herramientas de autocuidado en forma sistemática; fui honrado con esta tarea, cuyo resultado final es una estructura de trabajo terapéutico adaptada a las necesidades particulares de profesionales mexicanos, fruto de una extensa revisión bibliográfica, así como de la experiencia con grupos terapéuticos en donde se ha demostrado la eficiencia del enfoque de intervención.

Cabe mencionar que los temas del desgaste profesional y autocuidado se han investigado ampliamente, sin embargo, en la literatura especializada existen pocos modelos estructurados, por lo que a menudo las intervenciones preventivas se basan en conceptos y técnicas aislados, así como en recomendaciones poco desarrolladas; por ejemplo, Lavrova y Levin[2] ofrecen en su manual una lista amplia de recursos útiles, pero sin especificar la modalidad y sin señalar cuáles de ellos ofrecen los mejores resultados. Durante la revisión bibliográfica encontré en diferentes países herramientas de autocuidado que se recomiendan reiteradamente, de tal manera que retomé las técnicas con mayor sustento científico para articularlas en un programa sistemático que facilite su implementación organizada; en este modelo se integran aquellas derivadas de investigaciones psicológicas serias, siendo las principales: psicoeducación o información sobre el problema, autoobservación/automonitoreo, creación de una red social significativa, establecimiento de un balance adecuado entre el trabajo y la vida personal y formulación de un plan sistemático personalizado (ver por ejemplo Zurbriggen[3]). Cada una de estas técnicas se presenta de manera clara, explícita y práctica.

Este libro representa un esfuerzo por sistematizar un modelo y está diseñado para servir de base a la conducción de grupos de apoyo enfocados al autocuidado, pero por supuesto, también se puede usar individualmente; es importante mencionar que para la articulación de las técnicas me basé en algunas propuestas previas, por ejemplo, la Guía de Autocuidado para el Profesional,[4] así como los trabajos de Mathieu,[5] van Dernoot & Burk,[6] Teater & Ludgate.[7]

Organización del libro

Este libro está dividido en cuatro partes principales, la primera consta de cuatro capítulos que especifican las bases teóricas; en el capítulo uno se definen los conceptos de burnout, trauma vicario y fatiga de compasión, considerados reacciones comunes de desgaste en profesionales que laboran en la asistencia de personas vulnerables. En el capítulo siguiente se exponen las áreas de la vida laboral o condiciones del contexto de trabajo que se asocian a estos problemas, la intención es facilitar la detección de situaciones tóxicas en tu lugar de actividad. En el tercer capítulo se exponen las características inherentes a las personas que representan un mayor riesgo de padecer síntomas de desgaste; se incluyen ejercicios para detectar estos atributos. En el capítulo cuarto se presentan datos de prevalencia, con estimaciones nacionales e internacionales para diferentes profesiones consideradas de riesgo.

En la segunda parte se especifican con mayor detalle los síntomas del síndrome de desgaste, contiene actividades de autoexploración y autoevaluación, a fin de determinar con mayor precisión la evolución del problema en ti. Se conforma por tres capítulos. En el primero se presentan las 12 fases del burnout; en el siguiente se detallan los cambios negativos que operan en las primeras fases del desgaste profesional para identificar las señales tempranas e implementes medidas correctivas. En el último capítulo se presenta un autodiagnóstico, el cual te permite medir: fatiga de compasión, burnout y trauma vicario, con lineamientos claros para calificar e interpretar tus resultados.

La tercera parte consta de cinco capítulos dirigidos a la preparación del cambio. En el primero se define el concepto de plan de autocuidado, se especifican los objetivos del mismo y se establece la lista de recursos para su implementación. En el segundo se detallan recursos encaminados a favorecer la autoobservación y formulación de un compromiso hacia el bienestar. En el siguiente se desarrolla el recurso centrado en crear una red social significativa de apoyo y se estimula la exploración de acciones y habilidades de autocuidado actuales. En el cuarto se explica la importancia de establecer un balance adecuado entre el tiempo y energía que destinas al trabajo, y aquel que dedicas a tu vida personal; se presentan actividades para explorar tu balance actual, así como para crear un equilibrio entre estas dos áreas. En el último capítulo se detalla la lista de recursos adicionales, encaminados a formular un plan estructurado por escrito.

La cuarta parte consta de dos capítulos prácticos, en el primero se brinda una herramienta de meditación basada en *mindfulness*, actividad de autocuidado con respaldo científico; se ofrecen los lineamientos para que implementes una práctica regular en un contexto privado (por ejemplo, en casa y/o con tu grupo de meditación), pero también para extender lo aprendido a tu mismo espacio de trabajo. En el segundo capítulo se presenta un modelo para implementar estrategias preventivas a nivel organizacional, en este se retoman muchas de las ideas previas para promover —desde la dirección— el cuidado del equipo de colaboradores.

Se concluye con un epílogo donde se presentan las conclusiones más importantes, se detallan los síntomas que representan una emergencia y la necesidad de asistencia especializada inmediata.

Condiciones básicas para implementar el plan de autocuidado

El texto está organizado para ser una guía en la formulación de un plan de autocuidado estructurado, en el cual se contemplan las áreas física, psicológica e interpersonal. Ya sea que se use en sesiones grupales o de forma individual, se considera que al adquirir los siguientes compromisos se potencian los beneficios de este modelo:

Crea o únete a un grupo de apoyo. La mejor forma de usar el libro es en sesiones grupales de apoyo, más aún si se realiza en forma guiada por un profesional experto. No obstante, el formato es suficientemente flexible para usarlo individualmente, como para servir de base a grupos de autoayuda, encuentros con colegas y/o personal de tu organización. Por tanto, antes de formular tu plan preventivo es muy importante que contemples la creación de un grupo de apoyo, o bien, te incluyas en uno ya formado; de hecho, puedes tomar la iniciativa y proponer en tu institución la creación de un espacio de reflexión y ayuda mutua. El grupo como tal facilita las tareas de monitoreo y adherencia al plan de cuidado, al tiempo que se trabaja en forma conjunta en los ejercicios; es importante tener en mente que se puede avanzar en las tareas y actividades propuestas de acuerdo con las necesidades individuales y/o del grupo.

Las recomendaciones para el uso en sesiones grupales son:

1. Que la dinámica sea dirigida por un guía (es deseable que sea un experto en salud mental).
2. Realizar la lectura de un capítulo antes de cada encuentro (no más de uno).
3. Que en cada sesión los participantes discutan los contenidos y compartan asuntos personales relacionados al tema.
4. Realizar una lectura completa del libro en forma sistemática y progresiva –tanto para el uso grupal como individual–.
5. Formular el plan de autocuidado después de terminar de leer todos los capítulos.

Es importante señalar que al usar el libro de forma grupal, se añaden elementos de cura que no aporta un trabajo exclusivamente individual, pero que sí son característicos de la modalidad terapéutica del grupo; por ejemplo:

- Fomento de la esperanza: se refuerzan las expectativas positivas y se corrigen las negativas, además de que es muy alentador testificar la mejora de los compañeros.

- Universalidad: se contrarresta el estigma y el aislamiento al descubrir que se experimentan los mismos problemas, por lo que se pueden ensayar soluciones compartidas y/o a través de la imitación.
- Altruismo: en el grupo se tiene la oportunidad de ayudar y ser ayudado, lo cual resulta en una experiencia altamente gratificante.
- Catarsis: el grupo brinda un espacio de desahogo cálido y respetuoso, además de que permite la retroalimentación y enriquecimiento mutuo.

Idealmente deben celebrarse los encuentros grupales al menos cada quince días (en fechas pactadas de antemano), puesto que al extender el periodo entre sesiones se dificulta la cohesión grupal y se pierde el ritmo de la dinámica. A partir del capítulo ocho se estimula la creación de un plan de autocuidado, no obstante considera que la formulación final lleva tiempo y requiere de asesoría personalizada por parte de tu cómplice, grupo de apoyo y/o terapeuta.

Si utilizas el libro individualmente, lo más relevante es asumir la responsabilidad y compromiso contigo mismo, para ello te recomiendo asignar tiempo semanal o quincenal, reservado exclusivamente para trabajar en el libro, leerlo y practicar los ejercicios, sin embargo, es importante que puedas moverte paulatinamente hacia la creación de una comunidad con alguien cercano, con quien puedas compartir reflexiones y motivación para cambiar; considera incluir a tus amigos o colegas, pero más importante aún, considera asignarles el estatus de aliados, cómplices o monitores (ver el punto siguiente).

Consigue un cómplice/monitor. Un principio esencial del autocuidado consiste en hacer pública tu intención de iniciar un plan de cambio, en este sentido, puedes conseguir a un cómplice o persona encargada de monitorear tu compromiso, estado general de bienestar y acciones concretas de autocuidado –de acuerdo con el plan que hayas formulado–. Esta persona puede ser algún colega de tu trabajo o bien, alguien que forma parte de tu vida personal –familiar y/o amigo, incluso si te es posible, invita a una persona de ambas áreas; lo importante es que mantenga contacto estrecho contigo, que exista confianza mutua y cuente con la facultad de pedirte cuentas al respecto (ver detalles en el capítulo 10).

Agenda tiempo y crea un compromiso. Todo proceso de cambio implica disposición de tiempo, voluntad, energía física, mental y muchas veces económica. Un primer compromiso encaminado hacia el bienestar implica la disposición de al menos una hora diaria, además de un tiempo semanal de al menos dos horas para dedicarlas exclusivamente a actividades de autocuidado/restablecimiento, para ello puedes comenzar por asignar tiempo para leer y reflexionar las lecturas, de manera que puedas habituarte a cuidar de tu persona incluso antes de incorporar actividades específicas. Considera que es difícil contrarrestar viejos hábitos y que a menudo declina la fuerza de la intención inicial, por lo que resulta de utilidad: formular un compromiso por escrito, agendar y respetar el tiempo que dedicas a tu autocuidado, considerar este tiempo como si se tratara de una cita para atender a alguien importante ¡No canceles! Recuerda que si no cuidas de ti, no podrás cuidar a otros.

Asume los riesgos necesarios. La clave para la resiliencia o fortaleza frente a la adversidad no radica en la técnica por sí misma, sino en los propios esfuerzos para desarrollar habilidades, por lo tanto, mantenerte protegido frente a condiciones laborales desgastantes depende de ti; mi recomendación es que asumas la responsabilidad y el riesgo del cambio, que intentes estrategias nuevas y sigas puntualmente los ejercicios de este libro. Debes estar dispuesto a replantear tus horarios y agenda de trabajo, a hacer acuerdos con tus colegas y superiores, a solicitar tiempo a tu supervisor, a pasar más tiempo con tus amistades... es decir, a generar activamente las condiciones necesarias encaminadas hacia tu bienestar.

Realiza un cambio efectivo. A lo largo de este libro se ofrecen muchas estrategias, algunas de las cuales pueden implementarse en casa y otras en el trabajo, pero para que surtan efecto debes estar dispuesto a hacer cambios específicos respecto a la forma en que piensas y conduces tu vida. Los problemas tardan en gestarse, por esta razón los cambios no surgen rápidamente, a menos que se trabaje con empeño para hacerlos realidad. En nuestra mente pueden generarse miles de pretextos para mantener el status quo, especialmente en quienes dedicamos nuestro esfuerzo al cuidado de otros; puesto que aparentemente somos expertos en crear bienestar, ¿por qué no lo generamos en nosotros mismos? El propósito de las tareas sugeridas incluye un reto a tu estado actual con miras a mejorarlo, pero con la recomendación de mantener tu compromiso hacia la realización de cambios objetivos y realistas.

Integra las actividades de autocuidado a tu rutina de trabajo. Considera reservar un tiempo para tus actividades de autocuidado dentro del tiempo y espacio de trabajo, por ejemplo, puede tratarse de una pausa breve para relajarte durante el día, una serie de pausas para monitorear tu estado general o, mejor aún, participación en sesiones grupales cada semana con tus compañeros, todo depende del plan que hayas formulado y de lo que funcione mejor para ti; lo importante de esta recomendación es que acomodes este espacio en tu agenda hasta encontrar el formato y horario ideales, sin perjudicar tu desempeño. Por ejemplo, parte del plan de autocuidado de una psicóloga que atiende a personas afectadas de trauma puede consistir en dosificar la cantidad de pacientes que atiende por día, además de acordar con un colega del trabajo compartir semanalmente los casos y el impacto emocional que le generan.

Elabora una bitácora con tus progresos y reflexiones. El libro está diseñado con la intención de guiar un proceso de reflexión y puesta en marcha de un cambio hacia el mejor cuidado de nuestra persona, no obstante, los cambios a menudo son paulatinos y con el tiempo pueden pasar desapercibidos, de tal manera que a pesar del esfuerzo, un profesional puede concluir –sin razón– que no logró nada con su plan. Por esta razón, la recomendación es que consigas una libreta (o cualquier sustituto electrónico) para documentar a manera de bitácora tu proceso personal hacia el autocuidado. En esta puedes anotar tus reflexiones, planes generados, resultados de evaluaciones, cambios internos percibidos, comentarios acerca de los contenidos del libro, progresos, compromisos escritos, etc. Idealmente debes tener a la mano tanto este libro de trabajo como tu bitácora, considera además que está demostrado que cuando los propósitos o metas se escriben previamente, los cambios se materializan con mayor eficiencia (ver capítulo 12).

Mantén una mentalidad positiva. Considera que el pesimismo y desánimo impiden ver opciones e implementar planes correctivos, por lo que favorecen la perpetuación y agravamiento de la crisis a manera de profecía autocumplida; por lo tanto, puedes programar la mejora de tu condición actual desde el momento en que visualizas la posibilidad de un cambio. Tú mismo estableces las condiciones que promueven el autocuidado al empoderarte frente a los problemas, al pensar que aun ante las circunstancias más desfavorables es posible aliviar el malestar y que todo problema tiene solución. Con paciencia, empeño, valentía, disposición y confianza en ti mismo puedes lograr los cambios que te propongas.

Escribe tu historia de vida. Uno de los principios del autocuidado consiste en incrementar la autoobservación y autoconocimiento, lo cual parte del argumento de que al conocernos mejor, mejoramos la capacidad para brindarnos aquello que nos procura bienestar y descanso, por lo tanto, estimula un proceso natural de restablecimiento (ver capítulo 9); además de que de esta manera se facilita también la detección de síntomas de desgaste primarios. Una forma sistemática y creativa de iniciar este proceso consiste en escribir tu historia de vida, para ello te sugiero que utilices una bitácora y te tomes un tiempo para redactar semanal o quincenalmente los sucesos más importantes, organizados en décadas (escribe sobre una década antes de cada sesión grupal). Recuerda que no hay una forma correcta de realizar este trabajo, puedes guardar este relato para ti, o mejor aún, compartirlo con tu cómplice o grupo. A partir de tu narrativa, escribe tus reflexiones (por ejemplo, acerca de tu vocación como cuidador), tanto individuales como aquellas generadas en tu grupo, las cuales servirán de base para formular tu plan personalizado y para elegir las herramientas más adecuadas.

Es importante aclarar que la actividad de escribir tu historia de vida para después compartirla con tu grupo de apoyo, constituye una tarea que facilita el desarrollo del proceso grupal (al crear una atmósfera de mayor intimidad, confianza y cuidado mutuo), además de que puede ayudarte a formular reflexiones, las cuales resultan esenciales para la elaboración de tu plan de autocuidado estructurado.

Al momento de escribir la reseña de tu vida, puedes guiarte con las frases siguientes en cada década.[8]

- El evento que más recuerdo es...
- Esos eventos afectaron mi vida de la siguiente manera...
- La persona que más me influenció fue...
- Esta parte de mi vida me influye en el presente de la siguiente manera...
- Los eventos significativos durante esta parte de mi vida fueron...

Reflexión inicial

Para estrenar tu bitácora te propongo esta reflexión inicial. Recuerda que cuidar de otros es una actividad que requiere de la optimización del recurso más valioso: tu propia persona, de tal manera que no basta con el esfuerzo, interés y vocación que demuestres, para el desempeño profesional adecuado resulta imprescindible la inclusión de tareas de autocuidado. Con esta idea en mente, te invito a que te tomes un tiempo para responder las siguientes preguntas relacionadas con tu trabajo actual.

Para contestar los cuestionamientos, utiliza la escala de 0 a 10 puntos, donde cero significa NADA y diez significa MUCHO.

1. ¿En qué grado estás consciente del riesgo que representa tu actividad para tu salud y bienestar?

   Respuesta: _____

2. ¿En qué grado consideras que tu trabajo te ha impactado hasta la actualidad, con cambios negativos en tu persona?

   Respuesta: _____

3. ¿Qué grado de compromiso experimentas en este momento para hacer modificaciones a la manera en que trabajas y vives?

   Respuesta: _____

Es importante que contestes sin pensar mucho en tus respuestas, además, que registres en tu bitácora las reflexiones acerca de este capítulo y de este ejercicio en particular. La intención es explorar la motivación inicial para iniciar el proceso de cambio y despertar tu interés para continuar con la lectura de este libro.

Primera parte

Entendiendo el problema

capítulo **1**
El costo de ayudar: *burnout*, fatiga de compasión y trauma vicario

Todos los que seguimos nuestra vocación de ayuda a las personas más vulnerables de la sociedad nos encontramos irremediablemente inmersos en historias desgarradoras de sufrimiento, pérdida y dolor. Pero, ¿es posible realizar este trabajo sin ser afectados por ello? La respuesta obvia es que no, puesto que cuando auxiliamos empáticamente, es decir, desde la perspectiva de una persona que sufre, nosotros mismos sufrimos. Entonces, ¿cómo lidiamos con la carga emocional de nuestros usuarios y de nosotros mismos? En la literatura especializada se explica este hecho a partir del término *resiliencia* (y demás sinónimos científicos asociados: dureza, optimismo, valentía, crecimiento postraumático y bienestar[1]), con el cual se hace referencia a la habilidad para sobreponerse a condiciones laborales emocionalmente demandantes, puesto que se considera que una persona resiliente posee las siguientes características o atributos: claridad respecto a la propia identidad, voluntad y determinación sólidas y la capacidad de adaptarse positivamente a los cambios.[1]

¿Qué atributos o cualidades personales te permiten continuar vinculado con tu trabajo y con tus usuarios?

Por favor, tómate un tiempo para pensarlo y escribe la respuesta en tu bitácora.

Tu respuesta a la pregunta formulada es de la mayor relevancia, puesto que la manera en que enfrentamos la adversidad, influye en nuestra capacidad para estar presentes para nosotros mismos y otras personas, tanto en el ámbito personal como laboral. Cabe destacar que cada profesional sigue una trayectoria distinta hacia una doble finalidad: mantenerse vinculado emocionalmente a la persona a quien ayuda, pero al mismo tiempo, protegerse de la carga emocional que supone el enfrentamiento cotidiano a experiencias de pérdida y sufrimiento. El *burnout* se desarrolla precisamente en quienes manifiestan mayor compromiso y dedicación, especialmente cuando se carece de un espacio de cura y restablecimiento de recursos, cuando el profesional permite embargarse de la pérdida y dolor acumulados sin posibilidad de elaborar un proceso de duelo, cuando la vida profesional invade el espacio personal de negatividad.

Definición de conceptos

En nuestro desempeño como profesionales al servicio de personas vulnerables nos vemos profundamente afectados por el tipo de trabajo que realizamos, especialmente cuando mantenemos contacto estrecho con personas que han sido expuestas a episodios traumáticos, hecho que genera en nosotros un fenómeno de exposición secundaria o vicaria; por ejemplo, cuando un terapeuta escucha en consulta las historias traumáticas de sus pacientes, o bien, cuando un trabajador social ayuda a personas que se encuentran en situación de vulnerabilidad extrema y crónica. Hay profesionales que van más allá y se exponen directamente a situaciones que comprometen su seguridad y bienestar, por ejemplo, con visitas domiciliarias a zonas de riesgo, al defender a una víctima de un agresor con perfil psicopático, etc. Aun cuando tu trabajo no te involucre directamente con historias de vida desgarradoras, el contacto con personas que se encuentran crónicamente angustiadas y desesperadas te coloca en situación de riesgo de desarrollar burnout y fatiga de compasión.

Un caso particular lo conforman quienes laboran en instituciones que proporcionan atención integral a las necesidades físicas y emocionales de personas en situación de vulnerabilidad, puesto que en aparente paradoja, suelen experimentar grados importantes de satisfacción profesional y personal, de hecho el contacto diario con sus usuarios es una de las razones más importantes por las que continúan realizando esta actividad, además, es una realidad que también se requiere de vocación y grandes aptitudes técnicas y personales, lo cual permite explicar el cúmulo de satisfacciones adicionales. No obstante, el lado negativo y no idealizado incluye condiciones de trabajo crónicamente estresantes, grandes cargas de trabajo, recursos escasos, indolencia y negatividad de colegas y compañeros, además de la poca cooperación de algunos usuarios.

Con la finalidad de aportar claridad, a continuación se proporciona la definición de los términos técnicos que serán referidos constantemente a lo largo del libro.

Satisfacción en la compasión (SC)

> Se refiere al bienestar personal y profesional derivado de realizar adecuadamente una labor de asistencia; incluye el placer que se obtiene al ayudar a personas en situación de vulnerabilidad, al contribuir con las actividades institucionales de asistencia y más aún, al bienestar de la sociedad.

Con este término se describe al placer significativo que se obtiene como resultado de realizar un trabajo que proporciona cuidado y asistencia a terceros, en tu caso, significa que tu actividad te mantiene involucrado, interesado, comprometido y en estrecho contacto emocional con las personas a quienes ayudas; significa que tus cualidades esenciales, entre las que se incluye la empatía, sensibilidad, confianza, calidez, compasión, amor y cuidado a otros, están disponibles en grado adecuado, tanto para ti mismo como para tus usuarios. Por tanto, la SC es un componente protector que hace referencia a la ausencia de riesgo inminente, a pesar de lo demandante de la actividad.

Acotaciones importantes acerca del término

- Consiste en experiencias emocionales positivas, las cuales representan el extremo de un continuo en cuyo opuesto se encuentra la fatiga de compasión.
- Es un elemento protector que favorece que el profesional se mantenga vinculado positivamente a su actividad asistencial.
- Hace referencia a la disposición de cualidades /habilidades esenciales para realizar un trabajo asistencial, así como para tener una vida significativa; algunos ejemplos de las mismas incluyen: empatía, sensibilidad, confianza, calidez, compasión, amor, entre otros.

Burnout (BO)

> Es una reacción física y emocional ante condiciones laborales que generan estrés en forma crónica. Se considera que la respuesta es similar

a la depresión y produce amplios efectos en la salud física, así como disminución en la motivación e involucramiento en el trabajo.

Los tres componentes principales del BO son:

Agotamiento emocional o pérdida de energía

Es la experiencia de estar constantemente cansado, rebasado y estresado. Bajo estas condiciones, es difícil tener noches con sueño reparador, puesto que aún, durmiendo, por la mañana no se experimenta descanso. Puedes tratar de escapar y darte un respiro momentáneo, pero al retornar a tus actividades, también regresa el malestar con la misma intensidad; sientes que tu actividad es muy demandante y en ocasiones irrazonable, puesto que te exige más de lo que eres capaz de brindar.[2]

Despersonalización/cinismo o pérdida de entusiasmo

Consiste en la reducción crítica de la pasión inicial que se experimentaba por la actividad, a cambio de un incremento en una actitud cínica y negativa. De esta manera, las situaciones relacionadas al trabajo, especialmente las que involucran intercambio con personas te incomodan o descomponen de forma importante, por ejemplo, los usuarios pueden representar una carga increíblemente molesta, los superiores una amenaza constante y los compañeros, una presencia que debes sufrir. Las cualidades particulares que te distinguen y anteriormente aportabas al trabajo, como, empatía, disposición, meticulosidad, creatividad y liderazgo, parecen haber desaparecido y no tienes la más mínima motivación en reencontrarlas, por lo que, en esencia, aportas lo menos posible.

Disminución en la autoeficacia o pérdida de confianza

Autoeficacia se define como la habilidad percibida para manejar las demandas asociadas a circunstancias ambientales altamente exigentes, por tanto, el BO te genera desconfianza acerca de tus habilidades y el valor de lo que aportas a tu institución y/o usuarios, puedes dudar seriamente acerca de tu capacidad para iniciar proyectos y tareas rutinarias, del esfuerzo que eres capaz de realizar, del éxito que puedes obtener en tu labor de ayuda a otros, así como del empeño que eres capaz de aportar ante circunstancias adversas.[3]

El término burnout fue usado por primera vez en 1969 por Bradley, quien describió la experiencia de desgaste en personal que trabajaba con jóvenes que delinquían, no obstante, se considera que el síndrome es tan viejo como la humanidad misma, por ejemplo, en el Antiguo Testamento se describe la reacción de desgaste emocional de los profetas Elías y Moisés, la cual se asocia a un fuerte compromiso inicial que termina en agotamiento, decepción y desapego emocional; en tanto, Shakespeare, utiliza en sus poemas el verbo "to burn out" como referencia al agotamiento. Respecto a referencias literarias modernas, la novela de Greene (1960), *A burnt-Out case*,[4] retrata el perfil de un arquitecto que padece el conjunto de síntomas típicos: desilusión, fatiga, apatía, comportamiento agresivo e irónico.

Respecto a investigación científica moderna, Freudenberger[5] fue el primero en publicar el término para describir formalmente el fenómeno de estrés laboral asociado con desmoralización, desilusión y agotamiento; en tanto, Maslach[6] inauguró formalmente –y lidera en la actualidad– la investigación científica acerca de este síndrome, retomó el término a partir de su trabajo inicial con abogados que ayudaban a personas de escasos recursos, además de crear el instrumento de medición más conocido y usado en el mundo, el Maslach Burnout Inventory (MBI). Finalmente, cabe aclarar que en la actualidad el burnout no se reconoce como criterio diagnóstico formal, puesto que su relación con la depresión aún no ha sido completamente aclarada.

Fatiga de compasión (FC)

> Se refiere al profundo agotamiento físico, emocional y mental que desarrollan los profesionales en actividades que implican el cuidado de terceros. Se trata de la erosión gradual de las habilidades y cualidades que han facilitado el contacto empático con los usuarios de servicios de asistencia: empatía, esperanza, confianza y compasión, no solo respecto a los beneficiarios de la actividad, sino para el profesional mismo y las personas de su círculo cercano.

FC es un cuadro descrito por Figley[7] y se le considera el costo a pagar por los profesionales que ayudan a otros a aliviar un intenso malestar, tanto físico como emocional. ¿Cómo entender este fenómeno? La Real Academia de la Lengua Española[8] define a la *compasión* como el "sentimiento de conmiseración y lástima que se tiene hacia quienes sufren penalidades o desgracias", por tanto, un profesional cuyo desempeño y vocación parte de la empatía, puede embargarse fácilmente de emociones relacionadas a intenso dolor, vulnerabilidad y sufrimiento; entonces, la FC sobreviene cuando: a) existen pocas posibilidades de descarga y elaboración de esas emociones, por ejemplo, debido a la sobrecarga de trabajo; b) existen vulnerabilidades personales, tales como el disponer de pocas habilidades y/o la presencia de dificultades personales actuales y/o del pasado.

El modelo teórico propone que la FC se compone de los siguientes elementos:

1. Síntomas de burnout.
2. Trauma vicario o síntomas de estrés traumático que surgen al testificar el trauma de los usuarios, por ejemplo, cuando una trabajadora social escucha constantemente las historias de víctimas de abuso sexual.
3. Experiencias traumáticas personales o trauma primario. FC es una forma particular de BO, específica de profesionales que atienden las necesidades físicas, emocionales y espirituales de personas en condición extrema de vulnerabilidad crónica, por tanto, en este rubro se contempla a los médicos, enfermeras, psicoterapeutas, trabajadores sociales, psiquiatras, educadores, personal a cargo de orfanatos, etcétera.

En cuanto a características sintomáticas, la FC comparte atributos descritos para el BO y puede conducir a la creación de espacios laborales dañinos, además de alterar las relaciones con familiares y amigos. Efectivamente, la FC puede conducir paulatinamente a un desempeño profesional errático y negligente, lo cual se debe tanto a una reacción similar al perfil postraumático, como a una respuesta defensiva automática de alejamiento emocional, de protección ante una sobrecarga insostenible. Inicialmente, el profesional quemado/fatigado tiende a trabajar cada vez más con la intención de sobreponerse, lo cual da como resultado el agravamiento de su condición, hasta el desarrollo del agotamiento y desinterés por sobrellevar el sufrimiento de otros, depresión, ansiedad, consumo de sustancias prohibidas, abuso de drogas legales (alcohol, tabaco, analgésicos, etc.), dolor crónico, malestares cardiacos y aun suicidio.[7]

Acotaciones importantes acerca de la fatiga de compasión

- La FC es un riesgo laboral e implica que todo profesional a cargo del cuidado de terceros eventualmente la padece en algún grado, con variación en la severidad e incapacidad resultante.
- El grado en que se experimenta FC puede variar de un día a otro, pero se mantienen fluctuaciones constantes por periodos relativamente largos.
- Los profesionales saludables, capacitados, con experiencia y quienes cuentan con estrategias adecuadas de autocuidado también pueden padecer eventualmente FC, por lo que se asume que todo trabajador en activo dedicado a labores asistenciales se encuentra en riesgo permanente.
- Las condiciones laborales que representan mayor riesgo de padecer niveles altos de FC incluyen: sobrecarga de trabajo, enfrentamiento de material traumático abundante, sobreexigencia de atención por parte de usuarios en crisis, relaciones laborales y personales dañinas, entre otras.
- Desarrolla FC quien hace bien su trabajo, quien se compromete con sus usuarios. Precisamente, la naturaleza de nuestra actividad, enfocada en ayudar a otros a sanar, requiere del involucramiento de nuestras emociones, de tal manera que estas se desgastan, especialmente cuando no tomamos las medidas para reestablecernos.

Trauma primario (TP)

> Se refiere a los episodios traumáticos que le han sucedido a una persona en algún momento de su vida, los cuales han puesto en riesgo su seguridad e integridad. Comúnmente se reacciona ante esas experiencias con temor, horror y/o desesperación intensos; ejemplos de tales acontecimientos son las agresiones sexuales, exposición a violencia física, maltrato infantil, pérdidas y duelos no resueltos.

Todas las personas hemos experimentado circunstancias difíciles y abrumadoras, pero para algunos, dichas experiencias rebasan la posibilidad de control, de tal manera que se pueden considerar situaciones límite, de verdadero riesgo para la integridad y la vida: se trata de experiencias traumáticas en toda la extensión de la palabra. En el contexto de los profesionales al cuidado de terceros, existen dos tipos de exposición a circunstancias traumáticas primarias: a) experiencias personales, relacionadas a menudo con vivencias infantiles y/o ocurridas en cualquier otro momento de la vida; b) experiencias laborales de riesgo, por ejemplo, cuando te expones directamente a la violencia de un agresor iracundo, cuando una persona te amenaza con un arma en tu afán por proteger a una víctima o al ser acosado por una persona de perfil psicopático.

Acotaciones importantes acerca del trauma primario

- Los traumas primarios pueden conducir al desarrollo del síndrome de estrés postraumático, el cual perdura por meses y aun años después de ocurrido el incidente.
- Los síntomas de estrés postraumático incluyen: a) recuerdos recurrentes e intrusivos del episodio traumático, flashbacks y/o sensaciones vívidas de reexperimentación, pesadillas y cualquier otra forma de revivir el trauma; b) intentos conscientes y activos por evitar recordar y/o pensar en la experiencia; c) estado emocional alterado, mayor presencia de ansiedad, insomnio, intranquilidad y sensación constante de estar en peligro.
- No toda persona expuesta a trauma primario desarrolla síntomas postraumáticos, pero es importante considerar que los factores que imprimen un mayor riesgo incluyen: exposición a edad temprana, padecer episodios múltiples, experiencia traumática severa, pertenecer al sexo femenino, historia personal de estrés y problemas conductuales/psicológicos, psicopatología comórbida, predisposición genética, historia familiar de psicopatología y en particular, historial de reacción postraumática de los padres.[9]
- Si un profesional al cuidado de terceros ha padecido experiencias traumáticas, es altamente recomendable que acuda a evaluación y seguimiento profesional por parte de un terapeuta especializado, puesto que los efectos de esas vivencias pueden manifestarse incluso años después de ocurrido el episodio, además de existir un riesgo personal y profesional permanente, aun cuando no se posea plena consciencia de ello.

Trauma vicario (TV) o trauma secundario

> Se refiere al comportamiento y emociones, naturalmente consecuentes del hecho de conocer las experiencias traumáticas de una persona significativa. Se trata del estrés generado por la intención o deseo de ayudar a una persona traumatizada y/o que sufre.[10,11]

En esencia, el TV es un síndrome con síntomas muy similares o incluso idénticos a los que ocurren en el estrés postraumático, con la excepción de que la exposición al episodio no es directa, sino a través de entrar en contacto con los eventos padecidos por personas significativas; de esta manera, los síntomas de TV que le ocurren al profesional se asocian directamente con el hecho de testificar el sufrimiento de una persona vulnerada, en este caso, sus usuarios, pacientes o beneficiarios de sus servicios. Se trata de un estado de tensión y preocupación acerca de las personas traumatizadas e incluye la reexperimentación de las vivencias referidas, evitación de circunstancias que recuerdan esos episodios, así como incremento en el nivel general de ansiedad, especialmente asociado al trabajo con este perfil de usuario.[7]

En este modelo se considera al TV como un componente de la FC (más no un sinónimo), por tanto, determina una diferencia esencial respecto al BO puesto que involucra un cambio significativo en la percepción del sí mismo y el mundo; por ejemplo el profesional se ve afectado por una modificación y posiblemente un daño en sus creencias fundamentales acerca del resto de las personas, al tiempo que se ve inundado de imágenes atemorizantes y puede verse embargado de malestar emocional (vergüenza, ansiedad, temor, tristeza) asociado al recuerdo de las experiencias que se le han compartido.

Veamos el siguiente cuadro:

CUADRO 1.1

1. ¿Qué ocurre en tu mente con todas las historias traumáticas que has escuchado durante tu ejercicio profesional?
2. ¿Te ha sucedido que no puedes dejar de pensar continuamente en cierto caso o historia a pesar de que lo intentas?
3. ¿Te ha sucedido que no deseas escuchar una historia traumática más?
4. ¿Has tenido pesadillas o imágenes gráficas de escenas que te recuerdan las historias traumáticas de tus usuarios?

Anota tus respuestas a estas preguntas en tu bitácora para discutirlas después con tu cómplice o tu grupo de apoyo.

Acotaciones importantes acerca de trauma vicario

- La mayoría de los profesionales que realizamos una labor de asistencia a terceros no hemos sido entrenados paralelamente en habilidades para fomentar el cuidado personal, puesto que a menudo este se da por sentado.
- El TV es un proceso acumulativo, por tanto, no ocurre después de escuchar la historia más sobrecogedora, involucra los cientos de historias que se te han compartido, aun cuando ya no las tengas presentes.
- El cambio en el sistema de creencias puede incluir pensamientos de esta naturaleza: "El mundo es un lugar peligroso y dañino", "No puedo confiar en nadie", "Mis seres queridos están en peligro", "La maldad predomina por doquier", "Los seres humanos son decepcionantes", etcétera.
- La afectación emocional incluye tristeza profunda, decepción e ira debido a la percepción de un mundo injusto, hecho que te hace sentir rebasado.
- En resumen, el TV ocurre cuando las historias que escuchamos de nuestros usuarios se transfieren a nosotros, de tal forma que nuestra mente y emociones resultan irremediablemente afectadas.

Estrés moral (EM)

> Se refiere al malestar emocional que ocurre en el profesional cuando las políticas, acciones y recursos rutinarios del espacio de trabajo entran en conflicto con sus creencias y valores acerca de lo que implica el cuidado de terceros; es decir, cuando existe incompatibilidad entre lo que el profesional considera que debe ser y lo que en realidad se puede y efectivamente se hace en su organización.

El EM toma forma de angustia o carga emocional acumulativa ante condiciones de nuestro espacio de trabajo que consideramos inadecuadas, específicamente respecto a la manera en que se realizan las tareas cotidianas del cuidado de los pacientes, internos, etc. Por ejemplo, cuando se le niega la atención a una persona en particular, cuando se viola el reglamento en perjuicio de los usuarios, cuando se nos pide realizar tareas para las cuales tenemos convicciones opuestas o cuando se induce prematuramente el egreso de un paciente. Si esta incompatibilidad esencial se mantiene por largo tiempo, aunada a condiciones institucionales limitantes, se produce un desgaste continuo que puede conducir a la aparición de BO y/o FC.[12]

En el ámbito profesional de cuidado a personas vulnerables, los trabajadores en mayor riesgo de padecer EM son quienes laboran en áreas de exposición continua a dilemas éticos, donde sus decisiones pueden hacer una diferencia esencial en la vida del usuario y su familia, tales como continuar o interrumpir la atención de una persona, permitir un reingreso a pesar de infringir el reglamento, cambiar la modalidad de tratamiento, decidir un traslado interinstitucional, entre otras. Además de las condiciones del ambiente de trabajo, también existen características del trabajador, es decir, atributos típicos que definen a la persona y que lo colocan en mayor riesgo, tales como: mayor sensibilidad a las condiciones de vulnerabilidad del usuario, percepción de limitantes externas para realizar la mejor práctica posible y percepción de poco control sobre las circunstancias específicas que afectan la decisión.[13]

Adicionalmente, de acuerdo con la definición, una de las características que contribuye en mayor medida al estrés moral es el clima ético de la organización, específicamente respecto a las condiciones laborales y prácticas relacionadas con el cuidado de usuarios vulnerables; cabe destacar que el perfil institucional en cuanto a ética incluye la naturaleza de la interacción de todos los trabajadores con los usuarios, las relaciones entre compañeros, relaciones jerárquicas, interacción del personal con los familiares y en general, la dirección misma de la organización en cuanto a adherencia a lineamientos de eficiencia.[14]

No obstante, también existen condiciones que escapan a la posibilidad de control por parte de la directiva institucional, tales como la insuficiencia de recursos materiales y humanos, limitación de las políticas y normas establecidas respecto a lo que el usuario necesita, competencia deficiente del personal, recursos limitados o ausentes por parte del beneficiario mismo y exigencias externas para continuar con el cuidado de usuarios de perfil inadecuado.

Acotaciones importantes acerca de estrés moral

- Respecto al cuidado de personas, el EM surge cuando conoces el procedimiento que es ético y profesionalmente adecuado, sin embargo, te encuentras imposibilitado para llevarlo a cabo.
- El EM también surge cuando te conduces de una manera contraria a tus valores personales y profesionales, hecho que mina tu sentido de integridad y autenticidad.
- El EM es un riesgo de salud para el personal asistencial y puede conducir al desarrollo del síndrome de BO y/o FC, con síntomas tales como: pérdida del interés en el cuidado de los usuarios, evitación del contacto con los mismos, negligencia y/o fallas graves para proporcionar un cuidado adecuado, presencia de problemas físicos y psicológicos, entre otros.

Ejercicios del capítulo

A continuación te propongo que realices los siguientes ejercicios:

Ejercicio 1.1
Exploración de riesgo

Por favor, responde a las preguntas siguientes:
- ¿Tu trabajo te pone en contacto estrecho con personas en situación de vulnerabilidad extrema? Si es así, ¿Qué tan seguido?

- ¿Te consideras un profesional en riesgo? ¿Por qué?
- En la actualidad ¿identificas alguno de estos problemas en tu persona?
- En el pasado ¿has experimentado alguna vez estos problemas?
- ¿Experimentaste vivencias traumáticas en tu infancia? Si es así ¿las has trabajado en terapia?

Anota tus respuestas a estas preguntas en tu bitácora para discutirlas después con tu cómplice o tu grupo de apoyo.

Ejercicio 1.2
Tu historia como profesional al cuidado de terceros

Toma un tiempo para escribir una breve reflexión acerca de tu historia como asistente de terceros. Comienza por titular tu narrativa de esta manera: "Mi historia como (enfermera, terapeuta, trabajador social, médico, etc.) inicia..." Puedes guiarte por las siguientes preguntas:

- ¿Tu historia familiar tiene relación con la profesión o actividad que realizas actualmente? Si es así, ¿cuál es?
- Relacionado con lo anterior, ¿qué motivos te llevaron a desempeñarte como asistente de terceros?
- ¿Cómo transcurrieron tus primeras experiencias de ayuda a otras personas?
- ¿Cuáles son los riesgos que detectas al realizar tu actividad?
- ¿Hay alguna historia de vida que te haya impactado más que las otras? ¿Por qué? ¿Puedes escribirla y compartirla?
- ¿En qué medida se ha generado un cambio en tu persona a partir de las historias conmovedoras/desgarradoras que has presenciado a lo largo de este tiempo?
- ¿Cómo alejas esas historias de tu vida cotidiana y del contacto con tu familia al final de un día de trabajo?
- ¿Recibiste algún tipo de entrenamiento para cuidar de ti mismo?
- ¿Detectas vulnerabilidades personales (personalidad, carácter, historia de vida, estresores actuales, etc.)? ¿Cuáles?
- ¿Cómo te proteges a ti mismo a fin de aminorar el impacto de tu actividad como asistente de terceros?

Puedes apoyarte en la narrativa de tu historia de vida y añadir reflexiones adicionales. Comparte tu historia y reflexiones a fin de enriquecer la comprensión de tu actividad profesional, y facilitar de esta manera la formulación de tu plan de autocuidado personalizado.

Conclusión

No cabe duda de que los profesionales que asistimos a otras personas a través de distintas actividades, tales como la enfermería, psicoterapia, medicina, enseñanza, asistencia social, entre otras, obtenemos una gratificación que va más allá de las recompensas económicas: representa una motivación enorme el poder ayudar, lo cual se denomina satisfacción en la compasión. Sin embargo, es inevitable notar que la mayor parte de las personas a quienes asistimos cursan por problemas que generan sufrimiento, dolor, angustia y confusión, de tal manera que nuestro trabajo nos impacta personalmente: en primer lugar al experimentar empáticamente el malestar de aquellos a quienes ayudamos, en segundo lugar, cuando somos exigidos –por las condiciones laborales e incluso por nosotros mismos– para brindarnos más allá de lo que es saludable. Por lo tanto, nuestro trabajo nos coloca en riesgo permanente de desarrollar un síndrome de desgaste, tal como se describe en este capítulo; no obstante, es importante señalar que el burnout, fatiga de compasión y trauma vicario constituyen reacciones que pueden prevenirse con información, al conocerlos mejor, de esta manera, es importante que releas periódicamente este capítulo, además de que lo discutas y facilites a tus compañeros, especialmente aquellos de reciente incorporación a tu institución.

capítulo 2
Toxicidad laboral y áreas de desajuste

Parte del interés de la investigación y formulaciones teóricas recientes sobre fatiga de compasión (FC), trauma vicario (TV) y burnout (BO) se centra en dilucidar las causas ambientales que favorecen estos problemas. ¿Qué características de tu trabajo son las que más contribuyen a la generación de estas dificultades? ¿Por qué algunas actividades son menos riesgosas? ¿Qué debería ser diferente en tu labor para estar más protegido? Con la finalidad de aportar claridad e intentar responder a estas preguntas, en este capítulo se revisarán las condiciones del contexto de trabajo que contribuyen a generar un desajuste entre tu persona y la labor que realizas, para ello el análisis será guiado con base en la formulación teórica de Maslach y Leiter;[1] la importancia de revisar y reflexionar sobre las características laborales que imprimen mayor riesgo es porque te permiten tomar medidas anticipatorias de ajuste para mejorar tu adaptación a condiciones exigentes de trabajo y prevenir el surgimiento de estos problemas.

Las áreas de la vida laboral

La actividad profesional de ayuda o servicio a terceros es altamente demandante y requiere de un considerable esfuerzo físico, mental y emocional, esencialmente porque a menudo ninguna aportación suele ser suficiente, de hecho, es muy probable que seas cada vez más exigido para brindar atención, apoyo, sostén, consuelo, protección, escucha, compasión, etc., incluso más allá de tu propia seguridad y bienestar, circunstancia que en esencia ya no resulta sana ni benéfica para nadie.

No obstante, independientemente de la naturaleza exigente de nuestra labor de ayuda, también existen ambientes más tóxicos que otros, es decir, contextos laborales menos saludables en la medida que facilitan la aparición del BO, TV y FC.

Leiter y Maslach[2,3] son dos autores canadienses ampliamente reconocidos por sus estudios sobre el tema de BO, quienes después de realizar análisis de múltiples datos de investigación, formularon una síntesis de los principales factores del contexto involucrados en mayor riesgo de padecer el síndrome, las seis áreas de la vida laboral: carga de trabajo razonable/irrazonable, control/descontrol sobre procedimientos, recompensas adecuadas/inadecuadas, características de la comunidad o trato entre personas, justicia (equidad/inequidad) y finalmente, valores predominantes; la propuesta teórica explica que la magnitud de riesgo se determina a partir del grado de ajuste o desajuste entre el trabajador y su actividad en estas áreas. En este capítulo se revisan la definición y características de cada una de ellas.

Problemas con la carga de trabajo

Si trabajas para una organización que brinda atención a personas en situación de vulnerabilidad, es probable que te quede claro que la misión genera más demandas de las que es posible cumplir. En esta labor de servicio es necesario supervisar todas las actividades, verificar la calidad de la atención, resolver problemas constantes entre personas, recaudar fondos, realizar trabajo no previsto, quedarse más tiempo del planeado, mantener la mente activa para resolver problemas constantes, etcétera. A menudo no hay tiempo suficiente para planificar y responder apropiadamente a todos los requerimientos, de hecho, al involucrarte en esta actividad, colocas un extra en todo: vocación, esfuerzo, tiempo, emociones y acciones concretas.

Además, algunos contextos de trabajo pueden exigirte numerosas tareas irrazonables, inútiles e inmanejables, hecho que resulta agotador y decepcionante, además de limitar tus aptitudes. Un desajuste en esta área indica que debes lidiar con una carga de trabajo excesiva, es decir, con la cantidad de lo que haces, con la manera como lo haces, dónde y qué tan rápido debes hacerlo. El punto clave surge cuando las demandas laborales incesantes impiden tu recuperación y te conducen al agotamiento, más aún cuando las condiciones del trabajo están organizadas de tal manera que la sobrecarga ocurre de manera continua.

En contraste, una carga de trabajo razonable provee oportunidades para utilizar los recursos personales existentes y dirigir los esfuerzos a nuevas áreas. No obstante, la solución no es necesariamente disminuir la cantidad de trabajo, puesto que la respuesta puede significar más bien un cambio en la manera en que lo realizas, un cambio de estrategia que modifique las presiones hacia una actividad que puedas disfrutar; por ejemplo, es posible aliviar la sobrecarga y/o sus efectos al aprender a delegar tareas, al limitar el tiempo que trabajas en casa, al negarte a atender un exceso de encomiendas, incluso al dejar de absorber tareas que no te corresponden (ver detalles en los capítulos de la tercera y cuarta parte).

Una carga de trabajo desmesurada te coloca en riesgo inminente de burnout, por esta razón, es importante que detectes los problemas más comunes asociados a un desajuste en esta área laboral:

- Agotamiento. El agotamiento o cansancio crónico significa que no tienes suficiente energía, fortaleza y entereza para resolver las tareas laborales cotidianas. Este problema reduce tu capacidad de esfuerzo e inventiva, además de limitar paulatinamente tu capacidad para el trabajo demandante. ¿Te has sentido agotado por la mañana o justo al iniciar otra jornada de trabajo?
- Disposición excesiva. Tu inclinación personal puede llevarte a realizar con premura actividades que incluso no te corresponden, lo cual puede deberse a una consecuencia de tu vocación de servicio, además, implica tu tendencia a estar demasiado disponible para realizar trabajo extra. De esta manera, es posible que tu supervisor o tú mismo comiences a asignarte responsabilidades adicionales, con la consecuencia de destinar tiempo excesivo para resolver tareas de otros y resultes abrumado con compromisos inacabables.
- Tiempo insuficiente. Si laboras constantemente bajo la presión de límites de entrega estrechos, es posible que sientas a menudo que no puedes llegar a la meta, que siempre te estás quedando atrás, que tú o tu trabajo son inadecuados; de esta manera, el agobio, estrés y presión son las experiencias con las que realizas tu actividad cada día. Disponer de poco tiempo para entregar tu trabajo indica un estilo de vida laboral mal administrado.

- Exceso de tareas. Significa que tus asignaciones rebasan tu tiempo y capacidad de manejo, como consecuencia puedes sentirte abrumado, desesperanzado, agotado y constantemente vulnerable a la crítica por fallar en la ejecución de todo lo que se te ha pedido.

Problemas en el área de control

Esta área incluye tu percepción en los siguientes rubros: capacidad de influencia en las decisiones que afectan tu trabajo, ejercicio de autonomía profesional, acceso a los recursos necesarios para un buen desempeño. Por lo que las dificultades en esta área se traducen en que tienes poco poder de decisión acerca de tus actividades laborales y la forma en que las realizas, es decir, otra persona o personas deciden sobre la mayor parte de las cosas que te incumben directamente. La experiencia común es de frustración y poca predictibilidad: nunca sabes qué esperar en tu actividad, lo cual te genera una gran carga de estrés. De esta manera, puedes percibirte con poca o nula autoridad, incluso que el trato que se te da es poco respetuoso, puesto que sientes no disponer del estatus que mereces, a pesar de que te has esforzado por él; puedes sentirte poco valorado en tu experiencia y compromiso con la organización.

Un desajuste en el área de control se hace evidente cuando en tu actividad laboral experimentas incertidumbre y frustración constantes, acerca de temas que te son relevantes, por tanto, es posible que te consideres un elemento ignorado y manipulado. De esta manera, la organización de tu institución puede estar estructurada de tal forma que la burocracia y reglas rígidas sobrepasan a tu capacidad, experiencia y juicio de experto en el área. La causa de este desajuste también puede deberse a líderes con un estilo débil, inefectivo o arbitrario, por lo que tu supervisión puede no cubrir los requerimientos necesarios. Estas situaciones minan tu confianza y bloquean tu capacidad para desempeñarte eficientemente con todo tu potencial. Resulta agotador y frustrante el ser ignorado, no sentirse escuchado y que tus recursos no sean aprovechados.

Otro aspecto relacionado a desajuste en el área de control se denomina conflicto de rol, que surge cuando múltiples autoridades te exigen realizar tareas incongruentes e incompatibles entre sí, por lo que resulta muy difícil priorizar y comprometerte con el trabajo que realizas. Por definición, el conflicto de rol es un problema en el área de autoridad en una organización, e implica que tu función o rol preferido no es compatible con el que se te asigna, ya sea por una o varias autoridades, o bien, por la naturaleza misma de la actividad. En sí mismo, el conflicto de rol resulta agotador, pero por otra parte, la ambigüedad de rol, incertidumbre acerca de tus funciones o falta de dirección también se asocia a una carga importante de estrés.

En suma, todas las cuestiones reseñadas apuntan a la necesidad de mayor autoridad en el trabajo. A continuación, se presentan los problemas más comunes asociados al área de control:

- Supervisión obsesiva. Ocurre cuando un supervisor pretende indicarte qué hacer en todo momento, te solicita numerosos reportes e informes innecesarios, no se te permite decidir acerca de cómo emplear el tiempo de acuerdo con tu criterio. Cada momento del día te sientes estrechamente monitoreado y evaluado, por lo que no experimentas poder de decisión e influencia en tu actividad. Este problema refleja falta de confianza y debilita tu compromiso y potencial como trabajador.
- Liderazgo infectivo. Una figura de autoridad sin cualidades de liderazgo genera un ambiente de trabajo incierto y poco predictible. Además, la dirección ineficiente puede generar fallos graves en el resto de posiciones jerárquicas, a la par de directrices organizacionales que socavan los esfuerzos para funcionar efectivamente. El liderazgo débil y la microsupervisión van de la mano y perpetúan un ciclo donde te sientes limitado para adherirte a tu juicio en el trabajo, puesto que los líderes débiles quieren dictar y observar todos los detalles.
- Equipos de trabajo ineficientes. En la actualidad, pocos equipos de trabajo se conforman cuidadosamente de antemano, lo más común es que se formen al azar, es decir, sin plan preconcebido y con rotación permanente de los miembros, todo lo cual conduce a una adaptación forzosa; bajo estas circunstancias tu problema principal puede consistir en: poseer poca influencia sobre tu grupo de trabajo, carecer de autonomía y ser excluido de decisiones importantes. De esta manera, se te niega participación completa en la organización, tus proyectos y aportaciones se ven limitados y sientes no poseer control.

Problemas en el área de las recompensas

El dinero no es la única ni la más importante forma de compensación por el trabajo realizado, puesto que la recompensa puede ser económica, social o intrínseca, es decir, que el reconocimiento y aprecio por parte de los colegas, usuarios y supervisores, además de la satisfacción personal que se obtiene al ayudar a otros pueden ser poderosos incentivos; de hecho, las recompensas no económicas ayudan a prevenir el desgaste emocional en el trabajo. Por el contrario, un desajuste en el área de las recompensas significa una falta de motivación, gratificación, satisfacción, aprecio, reconocimiento, baja autoestima e incluso afecto. ¿Cómo te recompensa el trabajo por la gran cantidad de tiempo, energía, amor, creatividad y vocación que le dedicas?

La falta de reconocimiento por parte de los usuarios, colegas y/o supervisores devalúa tanto al profesional como al trabajo que este realiza y genera sentimientos de ineficacia, a la par que desempata al trabajador con los valores de la institución. Más aún, la percepción de recibir recompensas limitadas puede generar en el largo y mediano plazo experiencias de enojo, ansiedad y depresión, las cuales se ven potenciadas cuando otros empleados en la misma posición sí reciben reconocimientos que a ti se te niegan.[2]

En conclusión, si existe un déficit en el área de las recompensas significa que no estás siendo suficientemente motivado. A continuación, se presentan los problemas más comunes asociados con este rubro:

- Falta de reconocimiento. Resulta enormemente reconfortante que tus esfuerzos sean reconocidos y gratificados, que tus iniciativas despierten el entusiasmo y aprecio de tus colegas y superiores en la forma de frases directas, cartas de reconocimiento, días libres, privilegios especiales, etc. Un desajuste puede evidenciarse en el hecho de no sentirte apreciado como trabajador, o que el trabajo que realizas no es valorado en su justa medida. Más allá de las recompensas económicas, la falta de reconocimiento puede deberse a un déficit en la cantidad de mensajes de aprecio, respeto y valoración respecto a tu labor.
- Actividad insatisfactoria. Quienes hemos elegido una actividad profesional de ayuda a terceras personas a menudo poseemos una fuerte motivación intrínseca, es decir, asistir a otros es una

actividad recompensante por sí misma, por lo que al realizarla obtenemos satisfacción. Pero en ocasiones, las condiciones laborales limitan nuestro potencial, por ejemplo, cuando no hay oportunidades de crecimiento ni de capacitación, o bien, cuando ejercemos una actividad para la cual no estamos suficientemente entrenados o, al contrario, estamos sobrecapacitados pero no practicamos todos nuestros recursos profesionales. Las condiciones crónicas de desajuste en el rubro de insatisfacción laboral se hacen evidentes en sentimientos de frustración y decepción.

Problemas en el área de comunidad (relaciones)

El equipo de trabajo se convierte en ocasiones en una familia adicional, debido a que el tiempo de convivencia puede superar al que se invierte con la propia familia. Con el transcurso del tiempo, en las áreas de trabajo pueden crearse lazos de confianza, apoyo, aprecio, negociación en la solución de conflictos y amistad. Un equipo de trabajo funciona mejor cuando se comparte la misión, recompensas, orgullo por la labor realizada, buen humor, aprecio y respeto mutuo, además de que la convivencia positiva reafirma nuestro sentido de pertenencia al grupo y genera un sentido de bienestar y propósito.

Pero una familia también puede ser disfuncional, por lo que en la misma medida, el equipo de trabajo puede ser altamente negativo y generar una gran carga de estrés y malestar en todos los miembros que lo conforman, por ejemplo, hay dinámicas impersonales donde los trabajadores tienen poca oportunidad de interactuar e integrarse. No obstante, no suele ser el caso del área asistencial, puesto que la mayor parte del tiempo el trabajo implica interacción con personas, pero precisamente por esta razón pueden generarse malos entendidos y conflictos sin solución, los cuales tienden a agudizarse con el tiempo y obstaculizar una interacción positiva que genere bienestar y apoyo mutuo.

Un déficit en el área de comunidad puede notarse en la presencia de compañeros distantes, ausentes, no cooperadores, de tal manera que puedes sentirte profundamente aislado y carente de ayuda. Las causas pueden ser la dinámica de trabajo, tu propio estilo de interacción que no empata con el del resto del personal (por ejemplo, si eres tímido y reservado), la preexistencia de grupos cerrados y alianzas de las cuales estás excluido y, finalmente, la falta de apoyo por parte de tu supervisor o superior. En cualquier caso, estas circunstancias limitan tu productividad y la capacidad para disfrutar tu actividad, por lo que te colocan en riesgo de burnout, especialmente en el área de apoyo a terceros, puesto que la sobrecarga física y emocional del trabajo encuentra una forma de contrapeso en el apoyo que puedes recibir de tus compañeros.

A continuación, se exponen los problemas más comunes de este rubro:

- División. Es posible que tu equipo de trabajo se trate en realidad de subgrupos claramente definidos entre quienes se libra una batalla repleta de desconfianza, falta de apoyo, hostilidad, suspicacia e incluso sabotaje. La falta de identidad como grupo que labora hacia una meta común puede conducir a la fractura de la cohesión, cooperación y coordinación entre miembros. Esta dinámica dañina puede existir tanto a nivel horizontal como vertical y socaba severamente el bienestar y productividad laboral.
- Comunicación deficiente. Muchos de los problemas humanos podrían prevenirse y resolverse con una adecuada comunicación. Lo mismo aplica para las organizaciones, en donde la interacción cotidiana a menudo despierta diferencias y malos entendidos que, de no aclararse, pueden desembocar en graves situaciones de hostilidad, malestar, improductividad y en última instancia, burnout. Idealmente la comunicación dentro del trabajo debe ser abierta, de lo contrario puede crearse una atmósfera de temor, suspicacia y especulación acerca de un posible desastre o agresión. La comunicación deficiente no solo impacta en la calidad de las relaciones que mantienes en el trabajo, también en la forma en que realizas tus obligaciones, puesto que, si no posees la información necesaria, ¿cómo puedes desenvolverte con eficiencia?
- Alienación. Existen espacios de trabajo donde la convivencia en todos niveles es francamente negativa, impersonal, desconfiada e incluso agresiva, de tal manera que la experiencia cotidiana subjetiva para los trabajadores puede ser de aislamiento, no pertenencia y desamparo, de ser un extraño entre extraños; de hecho, en

algunos casos, la simple presencia en el espacio físico puede resultar francamente intolerable. Por el contrario, una comunidad de trabajo sana genera un fuerte sentido de apoyo mutuo, conexión, empatía y cercanía.

Problemas en el área de justicia y equidad

Justicia en el área de trabajo se refiere a la percepción de que las decisiones tomadas por los superiores son desinteresadas, equitativas, basadas en el bien y propósitos comunes, a la par de que se respetan los derechos y puntos de vista de todos los involucrados. El respeto mutuo resulta indispensable para crear un sentido de pertenencia y valía por la contribución a las tareas de la organización, y en el área de servicio a otras personas, la justicia y respeto resultan todavía más importantes, puesto que el trato entre compañeros es un recurso para cumplir a cabalidad la misión o meta institucional: ¿Cómo proporcionar apoyo eficiente a una persona desvalida cuando soy incapaz de ayudar a mi compañero con sus propias dificultades? Un ambiente de trabajo justo y equitativo genera una atmósfera de seguridad y bienestar.

Por el contrario, un desajuste en el área de justicia se muestra en la forma de pagos y/o carga de trabajo inequitativos, engaños acerca de las condiciones laborales, gratificaciones y reconocimientos proporcionados con parcialidad, solución de conflictos basada en el favoritismo y gratificaciones no correspondientes al esfuerzo realizado. Ya sea que se testifique o se sufra directamente de discriminación, la injusticia favorece una respuesta de cinismo (mala ejecución laboral), frustración, irritación y enojo. Los problemas en esta área pueden originarse desde las estructuras más altas de la organización y a menudo por falta de transparencia en las políticas que la rigen. En todo caso, afecta gravemente la capacidad individual y colectiva para funcionar eficientemente como un equipo unificado.

Los tipos de problemas más comunes respecto a injusticia en el trabajo son los siguientes:

- Faltas de respeto. Uno de los requisitos que se da por sentado en cualquier organización que cumple un propósito es el trato respetuoso, en este sentido, el trato cortés, directo y que da valor a la justicia y equidad resulta indispensable para la integración y funcionamiento correcto. Por el contrario, las faltas de respeto en la modalidad de agresiones verbales o cualquier otra forma que avergüenza a la persona (exclusión de eventos importantes o reuniones informales, ignorar las contribuciones, entre otras) afectan severamente en el corto y largo plazo no solo al agredido, sino a la estructura misma. El trato irrespetuoso puede ser intencional, ocasional, inadvertido (por ejemplo, en personas sin recursos personales o falta de sofisticación) e incluso sistemático; no obstante, una institución que pretende ser eficiente intenta limitar la ocurrencia y severidad de estos episodios.

- Discriminación. El trato irrespetuoso en una organización puede estar motivado por razones arbitrarias tales como las características personales: raza, preferencia sexual, género, edad, color de piel, estrato económico, origen étnico, personalidad, entre otras causas. Por tanto, el trato es inequitativo y no está fundamentado en las habilidades técnicas, experiencia y contribución real hacia el logro de metas institucionales. Con esta forma negativa de trabajo, es obvio que se afecta severamente la funcionalidad de la organización al segregar a algunos de sus miembros, al tiempo que contribuye a generar una atmósfera de trabajo alienada e insalubre, hostil, intimidante e incómoda para aquellos que la sufren como víctimas y testigos; más aún, crea una cultura de acoso e intolerancia entre compañeros.
- Favoritismo. La inequidad puede evidenciarse en la inclinación a proporcionar las mejores condiciones, gratificaciones y trato a ciertos elementos, lo cual está basado en un criterio arbitrario y sin relación al mérito objetivo de quien lo recibe. Un ejemplo de este problema es cuando los ascensos y promociones están basados en relaciones familiares, de amistad y/o los intereses estratégicos de las personas que dirigen. El ambiente tóxico se crea cuando estas directrices moldean la dinámica de trabajo y se establece una competencia negativa, donde priva la búsqueda de ser favorecido por esta política injusta, más que la calidad del desempeño. Es obvio que en términos emocionales, el impacto negativo es considerable para aquellos que no son tomados en cuenta.

Problemas en el área de los valores

Los valores con los que llegas a una organización te permiten investir con una carga emocional positiva a la labor que realizas, al tiempo que mantienen alta tu motivación como trabajador a través del tiempo y contra las adversidades. Un ajuste correcto en el área de los valores significa que existe compatibilidad entre los ideales y propósitos del trabajador y la misión organizacional, más aún cuando estos se traducen en acciones concretas, coherentes con el soporte a personas en situación de vulnerabilidad biopsicosocial; en esta área de actividad resulta todavía más relevante, puesto que la satisfacción que se obtiene por el trabajo puede superar incluso a la gratificación monetaria.

Las instituciones varían en cuanto al grado de adherencia a principios éticos, algunas se encuentran altamente estructuradas, sin embargo, la diferencia importante consiste en que los valores existentes se modelen y hagan cumplir por los supervisores, es decir, si estos se practican efectivamente en la vida laboral cotidiana. Un desajuste en esta área ocurre cuando tus propósitos de actividad profesional, valores éticos y principios personales no empatan con los de tu organización, es decir, existe un conflicto importante entre lo que quieres hacer y lo que debes hacer; puedes experimentar en forma crónica tanto incomodidad como inconformidad en la medida en que las prácticas organizacionales no cumplen con los lineamientos de la misión institucional, por lo que te ves comprometido en actividades que te generan rechazo, conflicto y estrés moral, todo lo cual te coloca en riesgo de padecer burnout.

Puede surgir un desajuste aún más grave cuando consideras que las prácticas de tu organización son dañinas, ofensivas y carentes de ética. ¿Cómo puedes amar tu trabajo cuando este te genera un malestar moral ineludible? Es muy difícil involucrarse activamente en una actividad que es contraria a tus valores, por lo que el resultado común suele ser: agotamiento emocional, conducta cínica e ineficiencia.

Los problemas específicos de esta área son los siguientes:

- Conducta carente de ética. A pesar de que te desenvuelves en el área de servicio a terceros, ya sea proporcionando atención a la salud física y/o emocional de personas vulnerables, es posible que por parte de la dirección te encuentres con situaciones carentes de ética, las cuales te generan un conflicto moral al contravenir tus principios personales y profesionales. Por ejemplo, el favoritismo dañino hacia ciertos usuarios, el maltrato tolerado y la exclusión de algunas personas. Las situaciones más graves ocurren cuando las personas a cargo pueden conducir una política de beneficio personal a costa de la calidad de atención a los usuarios, y/o cuando te ves involucrado en acciones ilegales o deshonestas, por lo que enfrentas el difícil dilema de permanecer en tu trabajo a costa de tus principios e integridad profesional.

- Carencia de significado. Buena parte de la motivación que extraemos para realizar nuestra labor proviene de la importancia que atribuimos a dicha actividad, es decir, cuando consideramos que con nuestro trabajo contribuimos a hacer la diferencia en la vida de las personas, que aportamos lo mejor de nosotros para construir un mundo mejor. Sin embargo, existen contextos laborales donde esta directriz ideológica está ausente, ya sea por el estilo de dirección, porque el trabajo que realizas no te lleva a atribuir este significado, o bien, porque tu actividad demandante te ha hecho "olvidar" las razones que te llevaron ahí; de esta manera consideras que realizas poco o nada importante y la atmósfera del equipo contribuye a esta pérdida de significado.

Problemas propios de la labor asistencial

En cuanto a la labor profesional de ayuda a personas vulnerables, no se considera necesariamente una actividad de alto riesgo, no obstante, conlleva particularidades que pueden colocarte en condiciones de vulnerabilidad e incluso discapacidad para ejercer en forma apropiada, más aún, una mirada más atenta permite detectar riesgos poco evidentes en primera instancia. Por ejemplo la enfermera y el médico corren el riesgo de contagio infeccioso todos los días, un educador de calle puede ser agredido al intentar ingresar a la comunidad de un grupo de adolescentes que pernoctan en las calles, un psicoterapeuta abrumado de trabajo clínico puede sentirse mental y emocionalmente rebasado, hecho que lo limita para continuar ejerciendo con eficiencia su labor de rehabilitación emocional de niños sobrevivientes de abuso, la directora de una casa hogar puede haber descuidado su vida personal y su salud al intentar cuidar con eficiencia a sus usuarios, etc. En esta sección se puntualizan algunas de las condiciones que generan desgaste en estas actividades:

- Desorganización institucional. Las organizaciones pueden presentar diferentes grados de disfunción, lo cual se debe comúnmente al estilo de liderazgo y a políticas ineficientes que perpetúan una colección de problemas como los descritos, entre los que se encuentran: contar con presupuesto limitado y en consecuencia, padecer sobrecarga de trabajo, mala relación entre compañeros, falta de reconocimiento, entre otros. En el capítulo 14 se detallan las características organizacionales que generan desgaste.
- Exposición a daño o perjuicio. Si bien el trabajo asistencial involucra intercambio directo con personas vulnerables, es un hecho que paralelamente se entra en contacto con personas marginales, violentas y/o que presentan conducta criminal, quienes pueden ver con recelo la labor que realiza tu organización. Además de ello, los sitios de trabajo pueden localizarse en zonas de riesgo por su peligrosidad, o bien, se te puede requerir trabajo de campo en estas zonas. Sin importar el tipo de exposición a daño, es claro que cuando no existen condiciones apropiadas de protección, el trabajo bajo estas condiciones genera estrés que contribuye al desarrollo de burnout.
- Mezcla de la vida personal con la laboral. Una de las características de la labor de asistencia es que ningún esfuerzo es suficiente, pues siempre hay tareas pendientes y mucho más por hacer, campo fértil para aquellos profesionales empeñados en demostrar su valía y hacer la diferencia, pero también para el surgimiento del agotamiento y demás secuelas emocionales. Este empeño y vocación dificultan una clara demarcación entre la vida laboral y personal, por lo que puede ocurrir un mezcla evidente para otros, pero no para ti, como cuando te relacionas no profesionalmente con tus usuarios, cuando llevas trabajo a casa, cuando tu familia se relaciona con aquellos a quienes ayudas, o bien, también en forma menos visible, por ejemplo cuando mental y emocionalmente estás tan "conectado" con algunos de tus usuarios, que los contratiempos en la vida de estos te provocan verdadero sufrimiento.

Ejercicios del capítulo

Ejercicio 2.1
Ajuste/desajuste laboral

A continuación se presenta una serie de preguntas con la intención de ayudarte a reconocer las características negativas de tu trabajo. Por favor lee detenidamente cada una y anota tus respuestas en tu bitácora de trabajo.

Área laboral	Preguntas	Respuestas (Sí - No)
Carga de trabajo	¿Trabajas rutinariamente horas extras aun cuando nadie te lo reconozca o recompense?	
	¿Absorbes más tareas de las que te corresponden de acuerdo con tu puesto?	
	Sin importar el tiempo que dediques ¿Sueles tener exceso de pendientes de tal manera que entorpecen tu desempeño cotidiano?	
Control	¿Consideras a tu supervisor/jefe un líder incompetente y torpe?	
	¿Eres supervisado innecesariamente en cada una de las tareas que realizas (microsupervisión)?	
	Sin importar tu experiencia y conocimientos ¿Te es imposible decidir en asuntos sencillos acerca de cómo realizar tu trabajo?	
Recompensas	¿Experimentas un profundo desagrado por tu trabajo?	
	¿Tu ingreso es acorde al esfuerzo y conocimiento que aportas?	
	¿Continuas en tu trabajo exclusivamente por razones económicas?	

Área laboral	Preguntas	Respuestas (Sí - No)
Comunidad (relaciones)	¿Te encuentras enganchado en una abierta rivalidad con otra persona, grupo o sector en tu organización?	
	¿Tu equipo de trabajo labora en franca desunión, desconfianza y sabotaje?	
	¿Desconoces personalmente a la mayoría de tus compañeros de trabajo?	
Justicia (equidad)	En tu organización ¿Los ascensos se dan por criterios diferentes al mérito?	
	En tu organización ¿Los puestos directivos los ostentan las personas no indicadas?	
	En tu organización ¿Los procedimientos se conducen conforme a estándares de ética dudosos?	
Valores	¿Tus valores y principios éticos personales están en contra de los que se implementan en tu organización?	
	¿Consideras poco valiosa tu actividad para la vida de las personas que atiendes?	
	¿Tu trabajo carece de un significado personal trascendente?	

Para finalizar, considera la siguiente guía: las respuestas afirmativas en todas las preguntas de un área señalan un desajuste en ella; las respuestas negativas en todas las preguntas de un área señalan un mayor ajuste. Con base en estos criterios responde lo siguiente:

- ¿En cuáles de las áreas laborales descritas presentas un mayor ajuste, es decir, problemas en grado mínimo?
- ¿En cuáles de las áreas descritas presentas un mayor desajuste, es decir, representan una carga importante de problemas?

Conclusión

En este capítulo se expusieron las características de trabajo que pueden generar un desajuste entre la persona y su actividad, es claro que existen ambientes laborales que contribuyen en mayor medida a generar BO, TV y FC, pero no debe olvidarse que en todos los casos ocurre una interacción entre las condiciones de trabajo y las características personales, por tanto, BO, TV y FC son resultado de esta interacción o desajuste.

capítulo **3**
Características de tu persona que te ponen en riesgo

Está demostrado que el BO no es resultado exclusivo de una dinámica laboral tóxica, ni de condiciones estresantes que conducen una persona al límite, por el contrario, la propuesta más aceptada es que surge a partir de la influencia mutua y dinámica entre ciertas pautas del contexto organizacional y las características personales. Es decir, más allá de que ciertas actividades representan mayor riesgo, también existen condiciones inherentes a la persona, tales como la personalidad, el estado civil, el sexo, la edad y el estilo de manejo de estrés, las cuales resultan determinantes. En este capítulo se presenta un compendio de las principales variables personales que se han asociado al surgimiento del síndrome.

Características inherentes a las personas asociadas a mayor riesgo de burnout

La investigación sobre BO, FC y TV ha delineado las características del contexto de trabajo que generan las mayores condiciones de riesgo, por ejemplo, un ambiente laboral tóxico incluye sobrecarga de responsabilidades, control limitado sobre decisiones esenciales, sueldo bajo, malas relaciones entre compañeros, injusticias administrativas y conflicto entre los valores personales y los de la organización. Pero, aun bajo estas circunstancias adversas, al comparar a una persona optimista y sociable en oposición a una aislada y depresiva ¿Ocurre en ambas el mismo desenlace, es decir, el BO? ¿Qué características de personalidad poseen las personas más vulnerables? Y en oposición, ¿qué características de personalidad poseen las personas menos propensas a padecer BO?

Para encontrar respuestas, nuevamente es oportuno recurrir a los datos de investigación, al respecto, la abstracción y análisis de los numerosos hallazgos permite determinar algunas de las principales variables personales, en primer lugar, de naturaleza demográfica, las cuales se han asociado persistentemente al incremento del riesgo para el desarrollo de BO. Los factores que se presentan a continuación se citan a menudo en la literatura científica[1,2] por lo que se proponen como elementos de referencia fidedignos que deben ser tomados en consideración.

Sexo

Desde una perspectiva teórica, no existen diferencias entre hombres y mujeres respecto a su experiencia de BO. No obstante, existen datos muy importantes que deben considerarse:

1. A las mujeres se les diagnostica más frecuentemente con problemas de salud mental, incluido el BO.
2. Existe un número mayor de mujeres trabajadoras que cumplen un doble rol como amas de casa, hecho que promueve mayores índices de estrés y agotamiento.
3. Existe discriminación y marginación laboral hacia la mujer (por ejemplo, menor acceso a puestos directivos y salarios menores) hecho que genera condiciones propicias para el BO.
4. Mientras que las mujeres puntúan más alto en la escala de agotamiento, los hombres acusan más síntomas de despersonalización, es decir, reportan reducción crítica del interés y entusiasmo por su actividad a la par de desarrollar una actitud cínica y negativa.
5. Las mujeres que son madres solteras y no cuentan con apoyo social adicional se encuentran en mayor riesgo de estrés y desgaste.

Debido a las circunstancias descritas, es posible que las mujeres se encuentren en mayor riesgo, presenten más síntomas y mayor severidad de BO; sin embargo, esto no significa que los hombres padezcan el problema en menor medida, puede ser que lo reporten con menor frecuencia.

Estado civil

Ser soltero es una variable de riesgo significativa para el desarrollo de BO, pues se ha demostrado que los trabajadores que no cuentan con pareja estable experimentan el síndrome en mayor grado, también se ha observado que los hombres solteros, viudos o divorciados son los más vulnerables. La razón por la que el contar con una familia disminuye la probabilidad de padecer BO se atribuye a que el trabajador suele tener más edad, estabilidad y madurez. Asimismo, la interacción cotidiana con la familia puede capacitar para el enfrentamiento adecuado de problemas interpersonales. Por otra parte, el grupo familiar y la pareja en particular pueden experimentarse como una fuente de apoyo y sostén que aminora los efectos del desgaste.

Escolaridad

Algunas investigaciones han demostrado que en las mujeres, el bajo nivel de escolaridad es un factor importante asociado a mayor grado de BO. No obstante, más que la escolaridad misma, algunas características de la formación pueden determinar la mayor predisposición para padecer el síndrome. Por ejemplo, entre las principales variables asociadas se encuentran el entrenamiento insuficiente, la inexperiencia, así como la ausencia o deficiencia de supervisión.

Edad

Las personas de menor edad padecen con mayor frecuencia BO, por lo que parece claro que ser joven es un factor de riesgo. Entre las explicaciones posibles se encuentran las siguientes:

1. El menor tiempo de experiencia laboral se asocia a menor habilidad para lidiar con circunstancias demandantes.
2. Los jóvenes que enfrentan sus primeras responsabilidades en el mundo del trabajo se ven en la necesidad de probar su valía tanto a sí mismos como a sus colegas y superiores, hecho que genera presión y estrés adicionales.

Factores de personalidad asociados al burnout

Otras variables asociadas a la predisposición para padecer BO son las relacionadas con las características de personalidad. No todas las personas reaccionamos de la misma manera ante circunstancias similares, por lo que el desarrollo de BO también es resultado de la manera en cómo se enfrentan las situaciones conflictivas, la flexibilidad cognitiva, habilidad para resolver problemas y las habilidades sociales. En esta sección se presenta un compendio de los principales rasgos de personalidad que predisponen para el desarrollo de BO.*[1]

Neuroticismo

Los rasgos o atributos asociados al neuroticismo incluyen los siguientes:

- Temeroso
- Irritable
- Baja autoestima
- Ansiedad social (tendencia a aislarse, a evitar el contacto con la gente)
- Dificultades para inhibir impulsos
- Experiencia de desamparo

Una persona con rasgos de neuroticismo tiende a experimentar emociones negativas y agobiantes, no enfrenta las dificultades de manera directa, más bien parece evitarlas, posponerlas y negarlas, por tanto, hace uso de estrategias tales como la distracción, idealizar/fantasear con las circunstancias, así como la autocrítica.[1]

Una persona que trabaja con carga de estrés y posee estas características, tiende a percibir su ambiente como más amenazante y sobrereacciona emocionalmente en forma negativa, lo cual constituye un elemento de riesgo para el desarrollo de BO. De hecho, el neuroticismo se ha asociado fuertemente al BO en diversas investigaciones, por ejemplo, Langelaan *et al.*[4] evaluaron a 572 empleados alemanes y encontraron que las puntuaciones elevadas en este factor predecían de forma clara y contundente la aparición de síntomas de BO.

---

* Esta revisión parte de un modelo teórico integral que propone que la personalidad puede describirse en términos de cinco factores bidimensionales básicos, los cuales se nombran a menudo como Los Cinco Grandes: Introversión-Extraversión, Amabilidad-Hostilidad, Meticulosidad-Falta de meticulosidad, Estabilidad emocional-Neuroticismo y Autonomía intelectual-Cerrazón a la experiencia.[3]

Falta de Meticulosidad

Los rasgos o atributos asociados a una persona con meticulosidad incluyen los siguientes: obediente, disciplinado, organizado, ambicioso, trabajador, persistente, eficiente, competente y orientado a logros. Una persona con estos rasgos se caracteriza por planear y organizar cuidadosamente, de tal manera que es eficiente con el manejo del tiempo y puede realizar más tareas en plazos menores. La persona meticulosa utiliza estrategias de enfrentamiento proactivas, racionales y centradas en el problema, por lo que maneja apropiadamente su estrés al modificar las circunstancias que generan el malestar.[1]

En contraparte, una persona poco meticulosa posee los rasgos siguientes:

- Poco disciplinada
- Desorganizada
- Poco persistente
- Menos exigente consigo misma y los demás
- Negligente
- Perezosa
- Sin objetivos
- Tiende a posponer sus obligaciones

En algunas investigaciones se ha demostrado que las personas poco meticulosas son más propensas a padecer BO, con síntomas en las tres dimensiones del mismo. Por ejemplo, Azeem[5] realizó un estudio con 90 trabajadores de la salud en India, para ello cotejó las puntuaciones en las escalas de personalidad y BO. Encontró que la poca meticulosidad predecía los niveles altos de BO, además de cada una de las dimensiones del BO por separado.

Emotividad negativa y Personalidad tipo D

La emotividad negativa consiste en la tendencia para experimentar emociones displacenteras, tales como sentirse enojado, triste, desesperado, angustiado y desolado, lo cual se relaciona con menor satisfacción laboral; por ejemplo, una persona con estas características tiende a percibir su entorno de trabajo como insatisfactorio, estresante y agobiante, pero al mismo tiempo, expresa esta negatividad de tal forma que se granjea la animadversión tanto de los compañeros, como de los supervisores y usuarios, condiciones que generan riesgo de desgaste y BO.[6]

Por otra parte, la característica principal de la personalidad tipo D también consiste en la tendencia para experimentar emociones negativas, pero en este caso se inhibe paralelamente la manifestación abierta de las mismas, dado que se pretende evitar la crítica y/o el rechazo, por lo tanto, puede existir una tendencia al aislamiento. Los resultados de investigación indican que si bien la emotividad negativa coloca en riesgo al trabajador, el componente de inhibición, es decir, el reservar las experiencias internas negativas para uno mismo es el elemento más dañino; por ejemplo, Mommersteg, Denollet y Martens[7] encontraron en una muestra de 1172 trabajadores alemanes, que la personalidad tipo D guardaba relación con estados de salud negativa, incluyendo BO e incapacidad laboral.

Factores de salud mental

Depresión

La depresión consiste en un amplio conglomerado de síntomas cognitivos, emocionales y físicos, algunos de los cuales se encuentran comúnmente en otros padecimientos psiquiátricos, de hecho, también coloca en riesgo a la persona de desarrollar trastornos secundarios, incluido el BO. Cabe mencionar que la relación entre la depresión y el BO no se ha aclarado totalmente, puesto que suelen ser muy similares en sus manifestaciones, de tal manera que algunos investigadores proponen que el BO es una forma de depresión.[8]

Más allá de la controversia, el hecho contundente es que la relación entre ambas variables es sólida, de tal manera que las personas con tendencia a deprimirse presentan mayor riesgo de padecer BO; más aún, existen investigaciones en las que se encontró que los antecedentes de depresión tanto personales como heredofamiliares hacen posible predecir con mayor fiabilidad la ocurrencia de BO.[9] Es importante no perder de vista que la relación es bidireccional, por ejemplo, Zhong et al.[10] encontraron que el BO influenciaba la ocurrencia y gravedad de los síntomas de depresión, estrés y deterioro de la salud.

En suma, padecer o haber padecido depresión es un factor de riesgo, puesto que incrementa la probabilidad de padecer a su vez BO, y viceversa, el trabajador que cursa con BO puede manifestar síntomas significativos de depresión clínica.

Estrés Postraumático

El estrés postraumático es un padecimiento crónico que surge como consecuencia de la exposición a circunstancias extremas que ponen en riesgo la vida y/o integridad de la persona, se trata de un trastorno de ansiedad en el que operan cambios negativos en la forma de sentir y pensar, constituye además una dimensión básica de la FC y un elemento de riesgo clave para el desarrollo de la misma, en este sentido, los resultados de investigación demuestran una clara relación entre el estrés postraumático, el BO y la FC. Por ejemplo, Mealer *et al.*[11] encontraron en un grupo de 332 enfermeras, que tanto el estrés postraumático como el BO son padecimientos altamente prevalentes, además de que la ocurrencia del primero implicaba casi invariablemente padecer el segundo. También Abendroth y Flannery[12] encontraron una alta prevalencia de FC en un grupo de enfermeras de asilos (hasta 78%), hecho que se asoció con la presencia significativa de síntomas de estrés postraumático, de tal manera que este se consideró un factor de riesgo clave.

Estilos de afrontamiento y burnout

Estilo de afrontamiento se refiere a la modalidad relativamente estable que posee una persona para hacer frente a situaciones que generan estrés, en este se incluye una propensión a presentar determinado contenido mental o pensamientos, así como ciertas respuestas emocionales y conductuales, las cuales pueden ser más o menos exitosas para eliminar el malestar; al respecto, Lazarus y Folkman[13] proponen que las respuestas de afrontamiento se pueden clasificar en dos tipos: *dirigidas al problema*, aquellas que manipulan, alteran, disminuyen la situación conflictiva, principalmente a través de acciones concretas; *dirigidas a la emoción*, aquellas que modifican/regulan la respuesta emotiva derivada del problema, aun cuando no se genere necesariamente un cambio sobre la fuente de estrés.

Los ocho estilos de afrontamiento propuestos por Lazarus y Folkman[13] son los siguientes y los clasificaremos como sigue:

Dirigidos al problema

- *Enfrentamiento*, es decir, la implementación de acciones concretas para modificar la situación y/o eliminar la fuente de estrés. Por ejemplo, cuando solicitas una cita con tu supervisor para aclarar los rumores de un posible despido.
- *Planificación* (estrategia de solución de problemas) es una aproximación analítica, encaminada a revisar las condiciones del problema, a determinar e implementar el mejor curso de acción; por ejemplo, puedes explorar las causas de tu exclusión del grupo privilegiado en el trabajo y determinar que al aceptar las invitaciones para socializar puedes resolver el problema.
- *Apoyo social*, que involucra la búsqueda activa de sostén, consejo, escucha, en otras personas; por ejemplo, cuando compartes con tu pareja los problemas de tu trabajo con la intención de sentirte escuchado, apoyado y validado, o bien, cuando buscas la asesoría de un amigo cuya opinión puede ayudarte a tener más claridad sobre el problema y su posible solución. (Este estilo también puede ser dirigido a la emoción)

Dirigidos a la emoción

- *Distanciamiento,* que incluye todo procedimiento que genera alejamiento emocional de la situación conflictiva, por ejemplo, cuando niegas la presencia del problema o te comportas como si todo estuviera en orden.
- *Autocontrol* o esfuerzos dirigidos a la regulación de los estados emocionales tanto internos, como aquellos observables a partir de la propia conducta; por ejemplo, cuando tratas de disminuir tu ansiedad, cuando escuchas música para relajarte, cuando haces ejercicio para disminuir tu enojo, etc.
- *Aceptación* de la responsabilidad, que incluye determinar la propia participación en la generación de la situación conflictiva, por ejemplo: disculparte, criticarte constructivamente, analizar tus errores.

– *Reestructuración cognitiva*, es una estrategia a partir de la cual se mejora la experiencia emocional al cambiar la manera en que se piensa el problema hacia un contenido mental positivo, por ejemplo: "necesitaba esta experiencia para crecer", "se aprende de los errores".
– *Evitación*, que consiste en una modalidad extrema de distanciamiento del problema a partir de conductas disfuncionales y/o compulsivas, entre las que se incluyen beber alcohol, fumar, consumir drogas, entre otras.

¿Cuáles de ellos se asocian a mayor vulnerabilidad, estrés y burnout? A la fecha, los datos de investigación confirman lo siguiente:

- Los estilos activos son los que producen los resultados más positivos, en particular, aquellos dirigidos a modificar la situación conflictiva.[14]
- Los estilos pasivos, aquellos que esencialmente se dirigen a cambiar la emoción, pero sin intervenir sobre la fuente de estrés son los que colocan al trabajador en mayor riesgo de desgaste, en particular, la evitación es uno de los que se asocia frecuentemente a estrés laboral.[15]
- Cabe aclarar que una persona puede ser activa tanto al intervenir directamente sobre el problema, como al cambiar su estado emocional, por lo que el trabajador más vulnerable es aquel que tampoco intenta modificar el malestar que experimenta.

Desde esta perspectiva, existen estilos dirigidos a la emoción que pueden considerarse más positivos que otros, tales como la reestructuración cognitiva, el autocontrol y la búsqueda de apoyo.[14]

Por ejemplo, Antoniou, Ploumpi y Ntalla[18] estudiaron a una muestra de 338 profesores de escuelas públicas de nivel primaria y secundaria en Grecia; sus resultados muestran una clara relación entre el grado de estrés experimentado y la modalidad de afrontamiento utilizado, en donde el estilo evitativo (negación del problema) se asoció con mayor presencia de desgaste, mientras que la orientación planificada, centrada en encontrar y seguir la mejor estrategia de resolución, brindaba protección frente a diferentes fuentes de estrés.

Ejercicios del capítulo

Ejercicio 3.1
Factores de riesgo personales

Contesta SI o NO a cada pregunta respecto a factores de riesgo personales. Anota reflexiones adicionales en tu bitácora en función de la manera en que estas características pueden influir en tu desempeño y si se pueden convertir en fuente de estrés y riesgo de BO.

1. ¿Eres soltero?
2. ¿Eres joven y/o acabas de iniciar tu experiencia laboral?
3. ¿Te consideras suficientemente capacitado para realizar tu trabajo?
4. ¿Padeces de algún problema emocional/mental?
5. ¿Qué estilos de afrontamiento predominan en tu repertorio cuando enfrentas situaciones conflictivas?

Ejercicio 3.2
Autoexploración de rasgos

En el siguiente cuadro se presenta una serie de afirmaciones para explorar rasgos de personalidad que pueden constituir un riesgo. Sigue las instrucciones para contestarlo y obtener tus resultados. Anota tus reflexiones en la bitácora.

Instrucciones: A continuación se muestra una serie de afirmaciones, por favor lee cada una de ellas y contesta marcando con una X según corresponda, en función del grado de acuerdo respecto a la manera en que describen tu manera habitual de sentir, pensar y actuar. No hay respuestas buenas o malas, lo más importante es que respondas con total honestidad.

Totalmente en desacuerdo	En desacuerdo	Un poco en desacuerdo	Un poco de acuerdo	De acuerdo	Totalmente de acuerdo
1	2	3	4	5	6

No.	Afirmaciones	Opciones de respuesta					
		1	2	3	4	5	6
1	Soy una persona muy organizada						
2	Me estreso con facilidad						
3	Con frecuencia me siento inhibido en presencia de otras personas						
4	Planifico estrictamente mi tiempo						
5	Me siento de malas o incómodo la mayor parte del tiempo						
6	Me resulta muy difícil iniciar una conversación						
7	Soy muy cuidadoso con los detalles						
8	Me preocupo demasiado por todas las cosas						
9	Me siento más cómodo cuando estoy solo						
10	Hago todo lo necesario para controlar las situaciones						
11	Me considero una persona melancólica						
12	Prefiero que las otras personas se mantengan a distancia						
13	Hago mis obligaciones casi inmediatamente						
14	Pierdo la compostura con facilidad						
15	Cuando estoy con otras personas, se me dificulta saber qué decir						
16	Difícilmente se me olvida poner las cosas en su lugar						
17	Comúnmente veo el lado negativo de las cosas						
18	Prefiero ocultar mis sentimientos para evitar ser lastimado						
19	Me gusta el orden						
20	Mi estado de ánimo cambia con mucha frecuencia						
21	Prefiero que las demás personas no me conozcan realmente						
22	Cumplo con todas mis obligaciones						
23	Con frecuencia hago un escándalo de cosas sin importancia						
24	Aunque me sienta mal, prefiero guardar silencio						
25	Elaboro y sigo una agenda estricta						
26	Me irrito fácilmente						
27	Siento que no soy una persona interesante para los demás						
28	Soy exigente con mi trabajo						
29	Con frecuencia me siento triste						
30	Prefiero evadir los problemas						

Resultados

1. Realiza las sumatorias de los puntajes para cada dimensión tomando en cuenta el número de la pregunta indicada.

   Para los rasgos de meticulosidad suma los puntajes de las siguientes preguntas:

   1+4+7+10+13+16+19+22+25+28= _____

   Para los rasgos de neuroticismo suma los puntajes de las siguientes preguntas:

   2+5+8+11+14+17+20+23+26+29= _____

   Para los rasgos de aislamiento suma los puntajes de las siguientes preguntas:

   3+6+9+12+15+18+21+24+27+30= _____

2. Elabora una gráfica de resultados a partir del puntaje total obtenido en cada dimensión. Colorea la barra correspondiente con un color distinto.

	Meticulosidad	Neuroticismo	Aislamiento
60			
55			
50			
45			
40			
35			
30			
25			
20			
15			
10			
5			

Interpretación

Puntuación total por rasgo	Interpretación	Tipo de puntuación
1-10	Ausente	Puntuación baja
11-20	Poco evidente, ocasional	
21-30	Evidente pero no define a la persona	Puntuación elevada
31-45	Evidente, atributo típico de la persona	
46-60	Atributo que define a la persona	Puntuación muy elevada

Lo anterior significa:

Dimensión	Significado
Meticulosidad	La persona se describe como trabajadora, organizada, honesta, disciplinada, persistente y eficiente. A medida que las puntuaciones se elevan, se considera que la persona es menos propensa al BO.
Neuroticismo	La persona se describe emotiva en términos negativos: temerosa, irritable, impulsiva, ansiosa, depresiva y con humor cambiante. A medida que las puntuaciones se elevan, se considera que la persona es más propensa al BO.
Aislamiento	La persona se describe con inhibición social: retraída, evasiva, aislada y en general, con evitación del contacto con las demás personas. A medida que las puntuaciones se elevan, se considera que la persona es más propensa al BO.
Neuroticismo + aislamiento	Describe a un perfil de personalidad tipo D: experimentación recurrente de emociones negativas e inhibición de la expresión e interacción social. Es el perfil que entraña mayor riesgo para desarrollar BO y es más significativo a medida que las puntuaciones se elevan. Los puntajes extremos pueden evidenciar psicopatología que requiere asesoría por un experto.

Nota: Este es un instrumento de autoexploración que no cuenta con respaldo psicométrico, por este motivo es muy importante que los resultados se contemplen en función de este criterio. La intención es fomentar la autobservación y detectar señales personales de riesgo. En caso de duda o malestar significativo, se recomienda la asesoría con un experto en salud mental.

Conclusión

En este capítulo se presentaron las características personales que pueden favorecer el surgimiento de BO, no obstante, no debe perderse de vista que la presencia de estos elementos de riesgo no significa que invariablemente se padece o padecerá el síndrome, puesto que se trata de guías de referencia que deben tomarse en cuenta en función de un contexto más amplio. La trascendencia de conocer los factores de riesgo se resume en lo siguiente:

- El BO, FC y TV no son padecimientos inevitables, por el contrario, se pueden detectar, prevenir y/o detener su progresión.
- Detectar oportunamente los factores de riesgo puede favorecer que se implementen medidas preventivas, de tal manera que podamos mantenernos protegidos.

capítulo **4**
Prevalencia del problema en profesiones de riesgo

El estudio científico del BO comenzó en 1973 con la publicación del primer artículo de investigación especializado, por lo que a la fecha, la trayectoria contempla resultados acumulados durante 42 años, con evidencia de un interés creciente por parte de los investigadores y un mejor conocimiento del fenómeno. En sus inicios, la investigación del burnout se centraba exclusivamente en profesionales que mantenían un trato continuo con personas, por ejemplo, profesores, enfermeras y médicos; sin embargo, a la fecha se considera que la población afectada es más amplia e involucra actividades distintas, especialmente aquellas que se relacionan con la solución de problemas, creatividad y mayor intensidad general, aun sin trato directo con personas.[1]

Entonces ¿qué profesionales se encuentran en mayor riesgo? ¿Con qué frecuencia padecen BO/FC? ¿Cuáles son los datos de prevalencia en nuestro país? ¿Qué nos enseña la experiencia actual respecto a este problema? ¿Se puede afirmar que hay un incremento en la prevalencia del mismo? En este capítulo se exploran las respuestas a partir de resultados de investigación acerca de la frecuencia con que se presentan estos problemas, así como de las actividades profesionales que entrañan un mayor riesgo de desgaste.

Prevalencia de burnout, fatiga de compasión y trauma vicario en profesiones de riesgo

El BO se estudia desde hace varias décadas en los países con mayor desarrollo económico e industrial, hecho que se debe no solo al interés de aprovechar el conocimiento para preservar el bienestar del trabajador, sino también para maximizar el potencial productor; por ejemplo, a partir de la investigación se ha determinado que el BO se asocia con mayor pago por discapacidad laboral y ausentismo asociado con problemas emocionales y mentales[2] asimismo, se ha determinado que el BO se relaciona con el desarrollo de síntomas depresivos y menor satisfacción de vida[3], por lo que parecen obvios los esfuerzos para disminuir su incidencia: es claro que el bienestar laboral se encuentra estrechamente ligado con el bienestar general en el largo plazo.

Mientras tanto, la dinámica de trabajo en países con menor desarrollo económico e industrial se vincula con diferentes elementos sociales que favorecen el surgimiento de estrés e insatisfacción laboral, entre los que se encuentran el rápido crecimiento poblacional, menores oportunidades, condiciones de trabajo desfavorables: inseguridad, incertidumbre, disminución de derechos, subempleo, sueldos inferiores, etc. Por ejemplo, en países como el nuestro las condiciones de trabajo demandantes se han asociado a mayor riesgo (dos a siete veces más) respecto al desarrollo de problemas emocionales y físicos, entre los que se encuentran las molestias de cuello y espalda, así como complicaciones cardiovasculares.[4]

No obstante, es claro que las estimaciones varían no solo respecto a factores económicos, sino de acuerdo con el tipo de actividad que se ejerce, puesto que el sentido común nos dice que cierto perfil de actividad puede resultar más demandante y generar mayor estrés en forma crónica, por lo que en esta sección se presentan las actividades profesionales que representan mayor riesgo para el desarrollo de BO, con datos de incidencia de diferentes investigaciones y estimaciones de fatiga de compasión.

Medicina

Shanafelt, Boone, Tan *et al*.[5] realizaron un censo nacional en Estados Unidos con la finalidad de determinar qué actividades profesionales representan mayor riesgo de padecer BO. Los resultados son esclarecedores, pues encontraron que 45.8% de los médicos encuestados presentaban al menos un síntoma significativo de BO, más aún, cuando se comparó al grupo de médicos con trabajadores en otras actividades, en los primeros se halló una mayor probabilidad de padecer el síndrome, además de presentar los mayores índices de insatisfacción en cuanto al balance trabajo y vida personal, hecho que se atribuye a que suelen enfrentar una sobrecarga laboral y administrativa que genera condiciones de estrés severo.

Otro estudio que confirma el riesgo que representa la actividad médica fue conducido por Bruce, Conaglen y Conaglen,[6] quienes encontraron que el 28% de los médicos de su muestra presentaban niveles significativos de BO en al menos dos de las tres dimensiones del síndrome, no obstante, el agotamiento emocional fue el elemento de mayor riesgo y el que evidenciaba la necesidad de asistencia externa.

Respecto a fatiga de compasión, un estudio reciente mostró que el grado de afectación estaba relacionado con la disposición empática por parte del médico, así como con los años de experiencia laboral, puesto que los profesionales más afectados eran no solo los más jóvenes, sino además quienes trabajaban en áreas altamente demandantes. Se estimó que el 41% de los médicos encuestados presentaban un nivel bajo de satisfacción en la compasión, en tanto, un 27% presentaba niveles altos de BO y trauma vicario.[7]

Los médicos se exponen constantemente al dolor y sufrimiento de otras personas, además de enfrentar jornadas de trabajo con sobrecarga de trabajo y estrés; como lo muestran estos hallazgos, este perfil de riesgo está bien documentado y fundamenta la necesidad de intervenciones preventivas con la finalidad de evitar afectaciones graves a la salud de los profesionales de esta área.

Enfermería

Las enfermeras constituyen un importante grupo profesional en el que también se ha estudiado sistemáticamente el efecto de su actividad sobre su salud física y mental, esto se debe principalmente a la naturaleza demandante de su labor de asistencia, que incluye como principales elementos generadores de estrés: presión por cubrir las necesidades del paciente, altas expectativas por parte de sí mismas, sobrecarga de trabajo e inexperiencia de las compañeras.[8] Respecto a prevalencia ¿cuál es el número estimado de enfermeras que padecen BO y FC? En un estudio realizado por Yoder[9] con un grupo de 71 enfermeras, se encontró que

15% de ellas padecían FC y 7.6% presentaba síntomas francos de BO, estos problemas se asociaron especialmente con experiencias traumáticas relacionadas con la muerte y pérdida de pacientes.

En otra investigación con 23 hombres y 104 mujeres se encontró que el 40.3% presentaba síntomas de agotamiento emocional, en tanto, más del 90% tenía niveles significativos en las otras dos dimensiones de BO; respecto a FC se halló que más del 20% de los profesionales entrevistados padecían este problema. Los resultados confirman el alto nivel de riesgo en esta actividad, además se especifica que el subgrupo más afectado lo conforman las enfermeras de menor edad y aquellas con mayor compromiso y carga de estrés personal.[10]

Respecto a condiciones particulares de trabajo, uno de los estudios que ha reportado la mayor tasa de incidencia fue conducido por Potter, Deshields, Divanbeigi, *et al.*[11] con enfermeras oncólogas, quienes encontraron que el trabajo en sala de hospitalización resulta más estresante y coloca en mayor riesgo al personal, por ejemplo, el 37% de estas enfermeras padecía síntomas de FC, mientras que el 44% reportó síntomas graves de BO; en contraste, entre las enfermeras que proporcionaban atención ambulatoria, el 35 y 33% presentaba síntomas de FC y BO respectivamente.

Los datos de estas investigaciones avalan que las enfermeras conforman un grupo profesional que labora en condiciones que generan estrés en forma crónica, entre las que se encuentran la sobrecarga de trabajo, limitaciones organizacionales, falta de apoyo de los superiores, presión por aliviar el malestar del paciente, inexperiencia, dinámica de la relación con colegas, etc., de tal manera que se considera una actividad de alto riesgo para desarrollar BO y FC. No obstante, cabe destacar que estas condiciones afectan diferencialmente al grupo, por ejemplo Vargas, Cañadas, Aguayo, Fernández y de la Fuente[12] encontraron que a mayor satisfacción profesional y años de experiencia en la actividad de enfermería, disminuye la probabilidad de afectación ante condiciones de estrés.

Asistencia social

El tercer grupo en riesgo de padecer BO, TV y FC lo conforman profesionales encargados de brindar asistencia a personas en condiciones de vulnerabilidad y/o que padecen algún grado de marginación y limitaciones de carácter biopsicosocial, por tanto, se contempla a psicólogos, trabajadores y asistentes sociales, responsables al cuidado de menores en orfandad, educadores, directores de casas hogar, personal de orfanatorios y asilos, entre otros; es decir, más que una actividad profesional definida, se trata de una labor que agrupa a distintas especialidades.

Al respecto, un estudio revelador incluyó a 13 casas italianas de asistencia, a partir de las cuales se conformó una muestra de enfermeras, educadores, asistentes y especialistas en salud mental; los investigadores encontraron que el 50% de los profesionales evaluados presentaban síntomas significativos de BO, lo cual se asoció claramente con el hecho de contar con menor edad y disponer de poco apoyo y retroalimentación por parte de los coordinadores a cargo.[13]

Otro estudio incluyó a 216 enfermeras (94% eran mujeres), las cuales laboraban en 22 hospicios y en tres posibles modalidades de actividad: a) atención en las instalaciones de la institución, b) atención en casa del beneficiario, y c) área de admisión. El 26.4% se catalogó como grupo de alto riesgo debido a los síntomas relevantes de FC que presentaba, mientras que el 52.3% de la muestra fue descrita como grupo de riesgo medio; por tanto, de acuerdo con estos resultados se consideró que el 78.7% se encontraba en riesgo medio-alto respecto a padecer BO y/o FC, especialmente aquellas con antecedentes de experiencias traumáticas, niveles altos de ansiedad, estrés no laboral y niveles altos de empatía sin cuidado de los límites profesionales.[14]

Por otra parte, Conrad y Kellar-Guenter[15] realizaron un estudio con 363 profesionales a cargo del cuidado de menores en situación de vulnerabilidad. Los resultados describen al grupo como de alto riesgo para desarrollar FC (aproximadamente la mitad de la muestra presentaba un grado crítico), pero al mismo tiempo, de bajo riesgo para padecer BO y con alto potencial para experimentar satisfacción en la compasión, por lo que en conclusión, a pesar del riesgo evidente de desgaste emocional, este tipo de trabajo asistencial parece generar altas dosis de satisfacción personal y laboral, hecho que protege contra el surgimiento de BO.

Como lo señalan estos datos, el trabajo asistencial requiere de grandes dosis de compromiso, empatía, disposición, entrega y muchas veces de sacrificio, motivo por el cual desde hace años se considera a este tipo de actividad como de alto riesgo, debido tanto al agotamiento crónico asociado, como al desgaste emocional, estrés moral, complicaciones organizacionales, disposición limitada de recursos, etc. Sin embargo, en forma paralela el profesional suele experimentar altas dosis de satisfacción en la compasión, lo cual obtiene al investir positivamente su actividad con un significado trascendente, de esta manera se establece un equilibrio que genera mayor protección.

Salud mental

Un rubro profesional encargado de atender las necesidades emocionales de personas en situación de inestabilidad y/o vulnerabilidad mental y emocional lo conforman los psicólogos clínicos, psicoterapeutas, psiquiatras y trabajadores sociales que se dedican a la consultoría terapéutica. La premisa teórica sobre la naturaleza del riesgo propone que la intervención terapéutica parte de la disposición empática y aportación de sostén emocional con la finalidad de modificar las emociones y conducta de los pacientes y/o beneficiarios, ya sea que estos padezcan secuelas de trauma psicológico, crisis emocionales agudas y/o dificultades crónicas, etcétera; por tal razón, tanto la empatía como el involucramiento de emociones por parte del profesional lo colocan en riesgo de desgaste.

Un estudio que ejemplifica esta dinámica[16] se realizó con 169 personas de distintas profesiones, quienes proporcionaban servicios de salud mental (psicólogos, enfermeras, trabajadores sociales, psiquiatras, etcétera). La muestra se describió con niveles significativos de BO, los cuales eran menores cuando los trabajadores presentaban buen ajuste con las condiciones laborales, además de mayor satisfacción en la compasión. Por el contrario, los profesionales en riesgo alto fueron aquellos con pérdidas personales recientes, antecedentes de trauma y perfil de autoexigencia, con pensamientos del tipo: "Cada problema de mis pacientes tiene solución"; de esta manera, los autores sugieren la necesidad de mayor cantidad de apoyo, supervisión y consejería ante estas condiciones.

Por otra parte, Lasalvia, Bonetto, Bertani, M., *et al.*[17] estudiaron los índices de estrés laboral en 2017 profesionales que brindaban servicios de salud mental a la comunidad, por lo que se incluyó a psicólogos clínicos, psiquiatras, enfermeras, terapeutas ocupacionales, trabajadores sociales, etc. Se encontró que el 19.6% padecía niveles severos de BO, mientras que cerca de dos tercios de la muestra presentaba signos evidentes de agotamiento emocional –los profesionales más afectados fueron los psiquiatras y trabajadores sociales–, en tanto, una cuarta parte manifestaba dosis altas de negatividad, actitudes cínicas y sentimientos negativos acerca de los pacientes y la efectividad de la propia actividad.

Respecto al trabajo terapéutico con sobrevivientes de experiencias traumáticas, un estudio analizó 20 diferentes investigaciones. Los autores exploraron las experiencias emocionales derivadas de la actividad clínica de un total de 600 profesionales, con los siguientes resultados: a) las respuestas emocionales incluyeron tristeza, miedo, frustración, desesperanza, desesperación y shock; b) los cambios en la estructura de creencias involucraron procesos internos de búsqueda existencial de significados, cuestionamiento acerca de la propia vida e identidad, percepción del mundo como un lugar peligroso y negativo, aparición de una visión cínica y oscura de la realidad, incremento en la sensación de vulnerabilidad y desconfianza en las personas.[18]

En este mismo sentido, Boscarino, Figley y Adams[19] estudiaron las secuelas emocionales del trabajo asistencial en una muestra de trabajadores sociales, quienes atendieron a las víctimas de los ataques terroristas de Nueva York en 2001; encontraron que los profesionales que se involucraron en mayor medida presentaban los índices más altos de trauma vicario, hasta 52.4% entre quienes participaron en trabajos de rescate y 34.9% de quienes brindaron consultoría y consejería.

Estos datos señalan que el trabajo terapéutico enfocado en fomentar, prevenir y/o restaurar la salud mental y emocional conlleva un considerable desgaste, sin embargo, la dinámica de este perfil de actividad es distinta, puesto que a pesar del estrés e involucramiento empático con personas vulnerables, los resultados de investigación dejan en claro que existen factores que pueden proteger frente al BO/FC, entre los que se encuentran: los mayores índices de satisfacción en la compasión, dinámica organizacional con carga de trabajo adecuada, supervisión y capacitación constantes, contar con estrategias preventivas y de manejo del estrés.

Enseñanza

Desde sus inicios la investigación sobre BO incluyó a personal docente, puesto que se planteaba que el trato continuo con personas era uno de los principales factores de riesgo, desde entonces se ha considerado que esta profesión genera altas dosis de estrés y desgaste emocional. Por ejemplo, Gil-Monte, Unda y Sandoval[20] realizaron un estudio con 698 profesores mexicanos de escuelas primarias públicas, sus resultados indican que el grupo experimentaba ilusión, apego y compromiso por su trabajo, pero al mismo tiempo, sufría de considerable desgaste emocional y psíquico, así como sentimientos de culpa debidos al desarrollo de actitudes negativas en el trabajo.

Otra investigación evaluó a 111 profesores, los cuales laboraban en escuelas públicas de extracción rural en los Estados Unidos, los resultados muestran: a) que el 91% de los participantes se encontraba en riesgo medio-alto de padecer FC; b) el 42.3% presentaba niveles altamente significativos de BO; c) solo el 35% obtuvo puntuaciones elevadas respecto a satisfacción en la compasión.[21]

Como las investigaciones lo señalan, la enseñanza puede considerarse una actividad de alto riesgo, altamente demandante y extenuante, especialmente cuando se realiza bajo ciertas condiciones, como son: laborar con población de bajo nivel socioeconómico, disponer de poco apoyo social/familiar, exposición a trauma experimentado por los alumnos, sobrecarga de trabajo y presentar estrés relacionado con condiciones organizacionales.

Defensa legal

La defensoría es un área profesional poco estudiada, no obstante, existen resultados de investigación que datan de décadas atrás, desde entonces se ha documentado una alta prevalencia de síntomas de BO, estrés y desgaste emocional en esta población. Por ejemplo, Levin y Greisberg[22] encontraron que en comparación con profesionales de la salud mental y asistencia social, los abogados bajo condiciones de estrés suelen padecer mayor consumo de sustancias, afectaciones emocionales, BO, y TV, lo cual se atribuye al trabajo cercano con clientes difíciles y traumatizados, así como la sobreidentificación con estos últimos. Los abogados de su muestra manifestaron altos niveles de material traumático intrusivo, esfuerzos por evitar tales recuerdos, disminución del interés y placer al realizar actividades cotidianas, insomnio, irritabilidad y problemas de concentración.

Un estudio más reciente realizado en Australia,[23] analizó y comparó las diferencias entre abogados criminalistas y no criminalistas respecto a secuelas emocionales de su actividad, esencialmente distintas puesto que los primeros testifican cotidianamente situaciones asociadas a agresión sexual, abuso de menores, violencia, muerte dolosa, etc. Se encontró que los abogados criminalistas reportaron mayores niveles de estrés traumático secundario (recuerdos intrusivos, evitación e incremento de ansiedad), estrés subjetivo, depresión y cambios cognitivos negativos asociados a alteraciones en el sentido de seguridad e intimidad.

Estas investigaciones señalan que los abogados que laboran en el área penal, así como aquellos que asisten legalmente a personas en situación de vulnerabilidad (refugiados, inmigrantes, víctimas de violencia, trata, agresión sexual, etc.) suelen padecer secuelas significativas de BO y TV, con efectos claros en cuanto a desgaste emocional y síntomas de ansiedad que alteran su calidad de vida; entre las principales causas atribuidas se incluye la sobrecarga de trabajo, así como la falta de supervisión en temas relacionados con trauma psicológico.[24]

Resulta sumamente relevante y alarmante el que ciertos estudios reportan mayor prevalencia y afectación en estos profesionales, en comparación con actividades tales como la asistencia social y medicina, esencialmente por dos razones: a) porque debido a la naturaleza de su profesión, pueden estar menos dotados de habilidades para hacer frente a condiciones laborales emocionalmente demandantes; b) porque se trata de una población que genera poco interés para los servicios de salud mental, lo cual la hace más vulnerable y perpetúa esta desatención.

Seguridad pública

Otro grupo profesional vulnerable lo constituyen las personas encargadas de brindar protección y seguridad de primera mano, en este rubro se incluye principalmente a policías y bomberos, a quienes se les ha estudiado con menor frecuencia, a pesar de desarrollar una actividad de alto riesgo. Acera de prevalencia, una investigación realizada con 747 policías españoles[25] mostró que el 32.5% de los participantes padecía de un alto grado de BO, mientras que el 53.5% padecía de agotamiento emocional y despersonalización en nivel medio y alto. Los policías más afectados eran quienes contaban con pareja sentimental e hijos, hecho que se atribuyó al estrés generado por las dificultades para hacer compatible la vida personal y laboral.

Por otra parte, algunas investigaciones también han reportado niveles altos de BO en bomberos.[26] En una investigación realizada con 402 bomberos alemanes, se encontró que la prevalencia de síntomas de BO/FC/TV era del 18.2%, hecho que se asoció al riesgo de padecer secuelas de depresión, alteraciones psicosomáticas, disfunción social y abuso de sustancias.[27]

Como lo indican los datos, las personas que realizan actividades relacionadas con la seguridad pública se encuentran en riesgo de padecer BO y/o TV; más aún, estas labores conllevan el enfrentamiento de episodios traumáticos en forma directa y, en consecuencia, incrementa la factibilidad del trastorno de estrés postraumático.

Prevalencia en población mexicana

En México la investigación sobre BO inició tardíamente en 2002, año de la publicación del primer artículo sobre el tema, desde entonces el interés sobre el tópico ha ido en aumento, tal como lo demuestra el estudio de Juárez-García, *et al.*[28] el cual representa una excelente referencia sobre el tema, puesto que analiza y resume en forma sistemática los resultados de 64 investigaciones sobre BO, con 13,801 profesionales mexicanos evaluados. Entre sus acotaciones destacan las siguientes:

- El área de actividad más estudiada ha sido la del cuidado de la salud (en total, más del 51%), que incluye a psicólogos, odontólogos, médicos (19.3%), enfermeras (17.9%) y profesiones relacionadas. También se ha estudiado en menor proporción a docentes, deportistas, policías, estudiantes, personal de centros penitenciarios, obreros y personal administrativo.
- En cuanto a perfil sintomático, se obtuvieron puntuaciones significativas respecto a disminución en la autoeficacia (al menos un síntoma a la semana), lo cual refleja una disminución en la confianza de las propias habilidades y fallas en la ejecución.
- Respecto a agotamiento emocional, la presencia de desgaste parece ser discreta, puesto que las manifestaciones de cansancio, estrés y falta de recuperación se reportaron con una frecuencia de al menos una vez al mes.

- Se halló una menor disposición para admitir reacciones de indolencia, negatividad, desapego y actitud defensiva general (dimensión de despersonalización), puesto que reportaron la presencia de estas características con una frecuencia de pocas veces al año o menos.
- Las estimaciones de prevalencia son ampliamente dispares, puesto que fluctúan desde un 80% en profesores, 1.1% en médicos del servicio de urgencias (dato incongruente con los resultados de otros países), 46.6% en enfermeras y 54.9% en agentes de tránsito. La dificultad reside en hacer coincidir los hallazgos de otras investigaciones, por ejemplo, también se estimó en solo 6% la prevalencia del síndrome en otra muestra de enfermeras.

En la siguiente tabla se exponen las estimaciones de prevalencia de burnout para población mexicana. En la primera columna se indica la profesión de las personas evaluadas, así como el número de investigaciones que estudiaron a este perfil profesional; en la segunda columna se indica el margen de prevalencia de estos estudios, por lo que se especifica la estimación más baja y la más alta. En la tercera columna se indica el promedio del estimado de prevalencia de todos los estudios para cada perfil de actividad.

Estudios de prevalencia en profesionales mexicanos

Actividad profesional / número de estudios	Margen de prevalencia (%)	Promedio de Prevalencia (%)
Médicos (sin especificar) 4 estudios	42.3 a 12.8	25.5
Médicos en formación (residentes e internos) 6 estudios	65 a 27.5	41.31
Médicos especialistas 9 estudios	59.26 a 1.1	30.64
Enfermeras 9 estudios	46.6 a 0	15.33

Atención al maltrato infantil (médicos, enfermeras, psicólogos) 1 estudio	----------------	0
Psicólogos 1 estudio	----------------	32
Maestros de educación básica (primaria y secundaria) 4 estudios	80.8 a 13	48.95
Maestros de preparatoria 1 estudio	----------------	50.4
Agentes de tránsito 1 estudio	----------------	54.9

Por otra parte, la investigación respecto a TV en población mexicana es aún escasa. En un estudio[29] se exploró la prevalencia del estrés traumático secundario en 223 bomberos y 204 paramédicos. Se encontró que el 70.1% de estos profesionales padecía síntomas en grado medio (64.9%) y alto (5.2%). No obstante, no se encontraron más datos, tampoco respecto a prevalencia de FC.

Reflexiones del capítulo

De las actividades profesionales revisadas en este capítulo:

- ¿Cuáles se desempeñan en tu institución/organización?
- ¿Consideras que tus compañeros de trabajo presentan niveles altos de BO, FC y/o TV? ¿Por qué?
- ¿Consideras que tu actividad te coloca en riesgo?

En tu organización:

- ¿Cuáles son las actividades profesionales de mayor riesgo? (considera incluso las que no se revisaron en este capítulo)
- ¿Qué características poseen las actividades de mayor riesgo?

- ¿Consideras que puede generarse un fenómeno de contagio? Explica tu respuesta.

Anota tus respuestas en la bitácora para reflexión y discusión.

Conclusión

Existen actividades profesionales que generan mayor riesgo de desgaste emocional y físico, e incluso algunas que entrañan riesgo de daño directo al enfrentar experiencias traumáticas en el trabajo. Es claro que algunas profesiones se han investigado en mayor medida como los médicos, enfermeras, proveedores de salud mental, asistencia social y enseñanza, con estimaciones de BO moderado y elevado. No obstante, otras actividades menos exploradas, tales como la defensa legal y la seguridad pública pueden considerarse también de alto riesgo, e incluso varias investigaciones coinciden en señalar que la primera –en particular cuando se asiste a personas vulnerables– entraña mayor riesgo de desgaste y psicopatología.

Existe un número considerable de estudios acerca de la prevalencia en la población mexicana en distintas profesiones, no obstante, aún no es posible tener conclusiones firmes debido a deficiencias metodológicas, psicométricas y de análisis de la información; también es evidente un vacío en cuanto al estudio de fatiga de compasión y trauma vicario.

Segunda parte

Autoexploración de síntomas

capítulo **5**
Fases del burnout

El BO se compone de tres dimensiones básicas: a) agotamiento emocional, el cual surge como resultado de condiciones de estrés crónico; b) cinismo o despersonalización, que consiste en una respuesta defensiva frente al agotamiento y toma forma de una actitud negativa general; c) disminución en la autoeficacia. Resultado de lo anterior, consiste en un sentido reducido de logro y eficiencia, acompañado de fallas y errores técnicos en el trabajo.

El síndrome no surge espontáneamente, por el contrario, parte de un proceso que se desarrolla paulatinamente en distintas fases, las cuales han sido descritas por algunos autores. ¿Qué síntomas son los primeros que surgen? ¿Qué síntomas representan un riesgo inminente para tu salud y seguridad? ¿Qué tan protegido o seguro te encuentras en este momento? Para dar respuesta a preguntas que tienen esta orientación, en este capítulo se revisan las fases evolutivas del síndrome de desgaste de acuerdo con la formulación de Freuderberger y North,[1] el cual representa uno de los modelos más completos y explicativos del BO como proceso.

Las 12 fases del burnout

En la actualidad existen diversas formulaciones teóricas que explican el surgimiento del BO, a pesar de ello, cabe aclarar que aún no se conoce por completo el mecanismo exacto que da lugar al síndrome. Freuderberger y North[1] propusieron desde 1974 una de las primeras aproximaciones teóricas, la cual fue recientemente replanteada y a la fecha continúa vigente.² Estos autores proponen una evolución paulatina en 12 fases secuenciadas, las cuales se describen a continuación:

Fase 1

Compulsión para probarse a uno mismo. Esta fase se caracteriza por un perfeccionismo y ambición excesivos. El trabajador posee una imagen idealizada de su persona y se muestra compulsivamente dispuesto a demostrar su valía, se coloca en riesgo de desgaste debido a que se conduce excesivamente exigente consigo mismo, sin permitirse nada más, excepto la perfección, de tal manera que solo es capaz de brindarse en un 100% en su actividad.

Fase 2

Ritmo de trabajo cada vez más intenso. La disposición excesiva de la primera fase se intensifica paulatinamente, puesto que la intención del trabajador consiste en demostrar tanto a colegas como a sus superiores, que su colaboración resulta irremplazable. De esta manera, la persona intenta resolver en forma perfecta y expedita todas las tareas que se le encomiendan, puede absorber tareas de otras personas y puede encontrar dificultades para delegar.

Fase 3

Negación de las propias necesidades. Esta fase se caracteriza por la dedicación excesiva al trabajo, con signos de adicción al mismo y disminución de: horas de sueño, tiempo dedicado a la alimentación y tiempo dedicado a la familia/vida personal. En este punto, el trabajador está dispuesto a invertir más horas y esfuerzo a las tareas laborales, a llevarse trabajo a casa y a descansar menos, por lo que considera normal este ritmo y aun puede sentirse cómodo en estas circunstancias. Se pondera al trabajo como prioridad, mientras que la familia y relaciones sociales son vistas como propósitos secundarios. A estas alturas, el estilo de vida comienza a mostrarse cada vez menos sano y pueden empezar a aparecer los primeros errores técnicos en el trabajo.

Fase 4

Desplazamiento de conflictos. El trabajador comienza a percatarse que el ritmo de trabajo lo está rebasando, detecta que las cosas no van bien en su vida, sin embargo, no ubica con claridad las causas ni lo que debe hacer. En esta fase surgen las primeras secuelas sintomáticas: dolor de cabeza, náuseas, dolores musculares, disfunciones sexuales, insomnio, alteraciones del apetito (incremento o disminución evidente de la ingesta), taquicardia, ansiedad, entre otras; también en el plano social y laboral, pues son más comunes los conflictos con los compañeros, la pareja y amistades. Los errores y fallas técnicas se convierten en algo más común, por ejemplo, acumulación de pendientes, olvido de fechas y acuerdos.

Fase 5

Revisión de valores. La consciencia inicial de un desajuste en la propia vida conduce al trabajador a replantear la manera en que se está organizando. Sin embargo, lo realiza en forma negativa, pues aún no contempla la posibilidad de disminuir su ritmo de trabajo, por tanto, el ajuste que realiza consiste en descartar sus necesidades físicas, sociales y emocionales con la finalidad de evadir conflictos y disminuir el costo emocional. En esta fase, la persona puede mostrarse más insensible, calculadora y desapegada emocionalmente; las personas que fueron importantes en su vida, ahora son vistas como menos relevantes.

Fase 6

Negación de problemas emergentes. Hacia esta fase, la persona demuestra con más frecuencia actitudes duras, cínicas, agresivas y carentes de empatía. Puede rehuir abiertamente incluso el mínimo contacto social, de tal manera que comienza a gestarse un aislamiento progresivo. Tanto en el trabajo como en la vida personal, el comportamiento está dominado por la impaciencia, intolerancia y la agresión (abierta y/o encubierta). Los síntomas de deterioro físico y laboral son cada vez más evidentes.

Fase 7

Aislamiento. Esta fase está marcada por un franco aislamiento, por tanto, el contacto social se mantiene al mínimo. En este contexto, las relaciones personales esenciales, por ejemplo, con la pareja, familia y amigos pueden verse como una carga; el trabajador continúa esforzándose en trabajar puntualmente, pero este desequilibrio puede conducir al consumo y/o abuso de sustancias (alcohol, tabaco, drogas) a manera de intentos desesperados por encontrar alivio frente al estrés.

Fase 8

Cambios conductuales evidentes. A estas alturas los miembros del círculo inmediato (familia, amigos y colaboradores) testifican un cambio notable en la conducta, emociones y desempeño de la persona, pues después de mostrarse inicialmente vigoroso, entusiasta y comprometido, se observa ahora temeroso, apático, tímido e incluso paranoico. La persona puede sentirse atacada aun ante la más mínima diferencia y/o exigencia, razón por la cual puede verse envuelto en conflictos constantes, a la par que intenta evadir responsabilidades importantes.

Fase 9

Despersonalización. Hacia esta fase ha operado un cambio paulatino dentro de la persona, en el sentido de que se experimenta a sí misma como "funcionando en piloto automático", o como si fuese una "máquina" es decir, desconectada y ajena a sus propias emociones y necesidades. El trabajador puede percibir a la vida en general como carente de significado y repleta de estrés ineludible, también puede evidenciar un descuido franco del propio estado de salud.

Fase 10

Vacío interno. En esta fase la persona se siente completamente abatida, vacía, inútil, agotada, inundada de pánico y ansiedad. Pueden surgir fobias y ataques de pánico antes inexistentes. En contraparte, este malestar interno intenta compensarse negativamente con conductas dañinas de tipo impulsivo como el incremento de la ingesta alimentaria, compras o sexualidad compulsiva, etcétera.

Fase 11

Depresión. Se desarrolla un cuadro característico de depresión, con cambios emocionales acusados que incluyen desesperanza, desesperación, agotamiento, culpa, enojo, angustia, tristeza y vacío. Los cambios en la manera de pensar incluyen pesimismo, derrotismo, negatividad respecto al futuro e incluso ideación suicida.

Fase 12

Burnout. El síndrome de BO se manifiesta hacia esta etapa con total plenitud, de tal manera que la persona experimenta fuertes deseos de escapar, lo cual se acompaña de pensamientos suicidas. Ocurre tal colapso físico y mental, que resulta absolutamente necesaria una intervención de emergencia.

Ejercicios del capítulo

Ejercicio 5.1
Semáforo de alarma

En el siguiente cuadro se presentan gráficamente las 12 fases de burnout de acuerdo con el modelo de Freudenberger y North. Después de leer las frases del lado izquierdo y ubicar aquellas con las que te identificas, determina en qué punto del continuo estás. Toma un tiempo para contestar cada una de ellas y escribe las respuestas en tu bitácora, enseguida, identifica la fase de BO en que podrías encontrarte. Considera que, aunque en este momento puedes situarte en una fase determinada, se trata de un punto en un continuo que puede moverse hacia uno u otro sentido.

Cuestionamientos		FASE
* Te resulta muy importante hacer tu trabajo excepcionalmente bien	SIGA	1
* Te sientes muy culpable cuando dejas trabajo incompleto y/o sales temprano		2
* Trabajas muchas horas o haces tiempo extra, aunque no te lo pidan		3
* Normalmente estas tan cansado después del trabajo, que no puedes hacer nada más		4
* Tienes problemas para iniciar el sueño, mantenerlo o despiertas demasiado temprano		
* Te resulta muy difícil no hablar del trabajo	PREVENCIÓN	5
* Tienes conflictos más frecuentes con tus compañeros, superiores, familiares y/o pareja		6
* A pesar de tu esfuerzo, cometes más errores en el trabajo		7
* Dispones de muy poco tiempo para disfrutar de tus hobbies favoritos		
* Ya no te sientes realmente feliz con nada		8
* Consumes alcohol u otras sustancias para sentirte menos afectado		9
* Prefieres estar completamente solo cuando estás en tu casa		
* Eres capaz de trabajar hasta el límite de tu propia salud		10
* Cada vez te sientes más como un robot automatizado		
* Los nuevos retos laborales te aterran	ALTO	11
* Padeces accesos de pánico que antes no te ocurrían		
* Experimentas sentimientos de desesperación total		12
* Últimamente solo deseas estar en cama y dormir		

Conclusión

El BO/FC/TV son síndromes de desgaste que no surgen espontáneamente, más bien se trata de procesos que evolucionan ante ciertas circunstancias, ya sea que se vean potenciados, por ejemplo, ante circunstancias personales adversas, o aminorados ante acciones correctivas por parte del trabajador. Por tanto, si se contempla al amplio espectro de cambios emocionales, cognitivos y del comportamiento como síntomas en evolución, entonces pueden observarse en función de un continuo, en el que todo trabajador se desplaza en uno u otro sentido, con la posibilidad de mejorar o empeorar su condición.

capítulo **6**
Detección de señales tempranas de alarma

Desde la perspectiva de intervención en salud, no cabe duda que la mejor manera de resolver un problema es prevenirlo, es decir, impedir que se convierta en un estado grave. Cabe destacar que este enfoque requiere que en principio se reconozcan las señales que alertan acerca del problema en formación, de esta manera, la prevención como eje permite tomar medidas que aminoren el impacto de la condición conflictiva, a la vez que se detiene su progresión. En este capítulo se detallan las señales tempranas típicas tanto de BO como de FC, la finalidad es que las conozcas de tal manera que te familiarices con ellas y aprendas a reconocerlas en tu persona.

Concepto de prevención

Prevenir significa intervenir o actuar en forma anticipada para evitar que ocurra un problema, en este caso el BO/FC/TV. Como profesional que proporciona asistencia a terceros, la prevención te ayuda a identificar oportunamente los signos primarios de estos padecimientos y a detener su progresión. Con la prevención también se puede evitar la aparición de riesgos de salud, tanto en ti mismo como en tu comunidad laboral, de hecho se puede evitar que se manifiesten estos problemas aun antes de que aparezcan; por ejemplo si en tu familia hay antecedentes de hipertensión y muerte prematura como consecuencia, al realizar ejercicio disminuyes el riesgo de padecer no solo hipertensión sino también un ataque al miocardio. Los tipos de prevención que existen son los siguientes:

Prevención universal

Es un conjunto de actividades cuyo objetivo contempla a poblaciones numerosas, puesto que se considera que todos los miembros comparten los mismos factores de riesgo. El objetivo es evitar el surgimiento del BO/FC a partir de la presentación de información específica y actualizada, al tiempo que se promueve el desarrollo de habilidades necesarias para contrarrestar el problema. Básicamente la prevención universal se enfoca al mejoramiento ambiental, al establecimiento de habilidades de resistencia personales y al fortalecimiento de otros aspectos positivos en la población participante. Son programas abiertos, es decir, promueven la participación de todas las personas. Un ejemplo de un programa de este tipo contempla informar sobre BO y estrategias preventivas a todo el personal de una casa hogar: directivos, cocineros, psicólogos, educadores, conserje, velador y médico.

Prevención selectiva

En este caso, la intervención preventiva se dirige a subgrupos de una población, los cuales se consideran con mayor riesgo de presentar el problema. El objetivo principal de estos programas consiste en evitar la aparición de niveles críticos de BO/FC a partir del fortalecimiento de los factores de protección del personal en riesgo y la reducción de los factores de riesgo específicos. Un ejemplo de este tipo de programa es aquel dirigido al personal de salud mental de una casa hogar (psicólogos, psiquiatras y trabajadores sociales), en la medida en que el profesional a cargo del plan preventivo considera al subgrupo como el más vulnerable.

Prevención indicada

Este tipo de prevención se lleva a cabo con personas que manifiestan los signos primarios del problema, por lo tanto, se trata de una intervención correctiva y que intenta revertir la severidad del BO/FC/TV. Estos programas proveen de herramientas que pueden ser adquiridas y utilizadas por los beneficiarios en su vida laboral y cotidiana. Un ejemplo de este programa es aquel en que se incluye a los colaboradores de una casa de día, quienes ya presentan signos manifiestos de BO/FC/TV:

pesadillas, flashbacks, insomnio, insatisfacción laboral. Ellos testifican constantemente las experiencias traumáticas de los usuarios que viven en la calle.

El modelo que sigue este libro consiste en prevención selectiva, es decir, de nivel intermedio pues está pensado para personas que realizan labores que los colocan en riesgo de BO/FC/TV. La información que contiene se puede utilizar para diseñar un programa de prevención universal, no obstante, es importante recalcar que no es sustito de una terapia o asesoría profesional. Si en tu caso presentas signos manifiestos, graves e incapacitantes, la recomendación es que visites a un psicólogo o psiquiatra certificado, a fin de que evalúe tu caso y realice un diagnóstico y plan de tratamiento oportuno (ver epílogo).

Importancia del automonitoreo

La constante de nuestro trabajo es la exposición rutinaria al sufrimiento, necesidad y desvalimiento de otras personas, al respecto, poseemos una inclinación natural para responder a esas experiencias extremas, lo cual nos lleva a brindar más que solo tiempo y energía física, aportamos nuestro afecto y en este sentido personalizamos el problema que de otra manera sería exclusivamente de índole laboral. Sin embargo, como profesionales al cuidado y atención a terceros y/o de la salud, a menudo olvidamos cuidar de nosotros mismos, este es un error grave que se fomenta desde nuestra formación como profesionales, precisamente en un vacío temático del currículum educativo.

El automonitoreo de síntomas es el punto de partida para desarrollar un plan preventivo, funciona como un primer acercamiento a lo que ocurre dentro de nosotros mismos y en nuestro círculo cercano, aun antes de que sea reconocido por otras personas o se cuente con las palabras para describirlo. Dado que cada persona posee diferentes signos de alarma, a continuación, se ofrece como apoyo una lista de síntomas derivados de la investigación sobre el tema, con la recomendación de que detectes y te familiarices con aquellos que te caracterizan.

Signos y síntomas de alarma

Un componente esencial de este modelo preventivo es la autoobservación, en particular, encaminada al reconocimiento y detección de los signos primarios de BO/FC/TV, el objetivo es fomentar la habilidad para identificar la presencia y severidad de los síntomas de desgaste iniciales. En esta sección se presenta una descripción interactiva de cada problema a partir de una clasificación[1, 2] (síntomas físicos, conductuales y psicológicos), la cual no pretende ser definitiva, su propósito es ilustrativo:

Sigue estas instrucciones:

1. Familiarízate con la siguiente lista de síntomas.
2. Detecta aquellos que padeces en la actualidad y asigna un grado de severidad en el cuadro que sigue después de la descripción de cada uno de ellos.
3. Dado que cada persona suele manifestar su estrés y desgaste de manera particular, identifica tu grupo de síntomas característico.
4. Considera que no se trata de un autodiagnóstico preciso, más bien es una invitación a observarte constantemente a fin de que aprendas a detectar tus signos de alarma y realices los ajustes necesarios para mantenerte protegido.

Síntomas físicos

Agotamiento físico

Significa estar cansado al momento de iniciar tu jornada laboral, exhausto la mayor parte del tiempo, desear estar en reposo o acostado, con poca energía para realizar tus obligaciones cotidianas. No se trata de un cansancio normal, más bien se trata de una fatiga crónica y para la cual no encuentras remedio.

Problemas para dormir

El insomnio puede mostrarse en diferentes formas: dificultad para conciliar el sueño, problemas para mantenerlo (despertares frecuentes), o bien, en el hecho de despertar muy temprano sin poder volver a dormir.

Es probable que al momento de ir a la cama no tengas sueño y desarrolles malos hábitos como trabajar hasta muy tarde, beber alcohol o consumir otras sustancias relajantes, además puedes realizar cualquier otra actividad que te mantiene despierto o simplemente hacer planes mentales sobre tus pendientes. Por esta razón los problemas de insomnio suelen ser crónicos y pueden empeorar.

Dolor de cabeza

Cuando estamos ansiosos tendemos a tensar los músculos de la nuca, hombros y parte posterior del cuello (músculo esternocleidomastoideo). Si no padeces migraña (es decir, dolor de cabeza de origen neurológico y hereditario), el incremento en la frecuencia e intensidad del dolor de cabeza puede deberse precisamente a tensión y estrés. Si este es tu caso, es recomendable llevar un registro calendárico por día con la finalidad de ponderar la ocurrencia del problema.

Incremento de enfermedades

Compara el periodo en que no realizabas tu labor actual y el momento presente, ¿Notas diferencias en la frecuencia con que te enfermas? ¿Qué tipo de enfermedades son las que te atacan normalmente? ¿Encuentras relación entre tu trabajo, tu estrés y este problema? No olvides que los niveles anormales y constantes de ansiedad disminuyen la efectividad del sistema inmune, hecho que te hace más propenso a padecer enfermedades repetidas, puesto que te encuentras más indefenso.

Somatización

Se refiere a las manifestaciones físicas o corporales del estrés. Un ejemplo de ello es cuando sientes un dolor inexplicable en el estómago poco antes de la junta de fin de mes, sufres dermatitis una semana antes de presentar un nuevo proyecto, o padeces náusea y mareos severos cuando haces los ajustes presupuestales. Los malestares pueden manifestarse en diferentes órganos y sistemas y están estrechamente relacionados con emociones, especialmente ansiedad.

Hipocondría

Cuando no son atendidos, la tensión, el estrés y la ansiedad relacionados al trabajo pueden manifestarse en forma de preocupaciones exageradas e irracionales relativas a la salud física y bienestar de nosotros mismos y/o de nuestros seres queridos. Por ejemplo, una enfermera que trabaja en la sección de oncología puede desarrollar un temor persistente de enfermar de cáncer; o bien las personas que trabajamos con sobrevivientes de abuso, podemos estar permanentemente angustiados por la seguridad y bienestar de nuestros hijos, sobrinos, etcétera.

Síntomas conductuales

Incremento en el consumo de alcohol y/o drogas

Puedes notar que aumenta tu deseo por consumir alguna sustancia por su efecto relajante, de hecho esta inclinación puede haberte llevado a consumir cantidades importantes o con mayor frecuencia. Puedes comparar el periodo cuando no realizabas esta labor y el momento actual, ¿notas alguna diferencia? No se trata necesariamente de alcohol o drogas como la marihuana, algunas personas pueden consumir pastillas relajantes, analgésicos, entre otras sustancias. Es muy importante que realices un ejercicio de autorreflexión con la finalidad de detectar si estás presentando este problema, más allá de que resulte difícil compartirlo con terceras personas.

Conductas compulsivas y dañinas

Se trata de conductas que incrementan al existir un desequilibrio emocional, el cual puede derivar de estrés, ansiedad, depresión, entre otros padecimientos; la razón es que ayudan a regular estados afectivos, es decir, te ayudan a sentirte mejor. Dentro de estas conductas se incluye a las compras compulsivas, ingesta excesiva de alimentos, ingesta compulsiva de ciertos alimentos (por ejemplo, dulces), adicción al trabajo, juego patológico (apuestas), autolesiones, etc. En el contexto del trabajo que realizas, es importante que contemples si ha habido un cambio en tus hábitos como resultado de la carga emocional de tu actividad.

Irritabilidad

Se trata de una inclinación marcada para reaccionar de una manera iracunda, poco paciente, poco empática y poco comprensiva ante lo que percibes como errores constantes en los demás; tus respuestas pueden ser intensas y en el momento te pueden parecer justificadas, aun cuando después del episodio puedes aceptar que fueron exageradas. También puedes notar una mayor inclinación a enrolarte en conflictos, así como una mayor experiencia de enojo sin saber del todo la causa; por ejemplo, en el trabajo puedes enojarte ante una petición menor de uno de tus usuarios o ante una diferencia de opinión con uno de tus compañeros. También puedes llevar tu irritabilidad al hogar, evidente en el incremento de discusiones con tu pareja e hijos.

Ausentismo

Implica ausencias constantes y/o prolongadas al espacio de trabajo debido a molestias físicas reales y/o sin causa médica, las cuales se derivan de malestar emocional asociado a tu actividad laboral (enojo, estrés desesperanza, etc.) evidente en una profunda y creciente aversión a las tareas profesionales que realizas, así como el contexto y las personas asociadas; de esta manera, a menudo contemplas inventar excusas y/o magnificar enfermedades a fin de ausentarte lo más posible.

Sentido exagerado de responsabilidad

Puedes sentir en tu fuero interno que eres indispensable y que tu organización (incluyendo a usuarios y compañeros) no puede funcionar sin tu presencia, por lo tanto, te involucras más de lo debido en tu actividad. Es verdad que muchas personas dependen de la labor que realizamos, pero también puede ser una necesidad personal sentirnos necesitados e indispensables. Nadie es insustituible, la actividad o labor que realizas puede ser cubierta por alguien más; un involucramiento exagerado con tu labor, además de fomentar la idea errónea que te hace suponerte capaz de resolver los problemas de todos, te coloca en riesgo de decepción, desesperación y en su momento de BO.

Evitación de los usuarios

El trabajo cotidiano con los demás se ha vuelto extenuante y a veces simplemente desearías hallarte solo, sin tener que interactuar ni convivir con nadie, o lo menos posible. Puedes llegar al trabajo con la franca intención de no encontrar a ninguno de los usuarios, de tal manera que estos no puedan hacerte ninguna petición y no te veas involucrado en alguna labor de ayuda directa. Puedes esconderte para evitar atender a alguien o citar a cierta persona difícil cuando sabes que no estarás; la motivación última es evitar la sobrecarga emocional que sobrevendría del contacto con otros, algo que difícilmente podrías soportar.

Atención despersonalizada a tus usuarios

Esta disposición puede tomar varias formas, pero las más comunes se relacionan con la cosificación y/o etiquetación de las personas a quienes atiendes. Esta es una respuesta defensiva que te permite tomar distancia emocional, a manera de protección contra el desgaste, si bien no necesariamente toma la forma grave del cinismo o despersonalización descrito para el BO, ¿notas que no llamas a tus usuarios por su nombre? ¿Sueles referirte a ellos por su apodo? ¿Los catalogas o etiquetas mentalmente de acuerdo con la opinión profesional (rendimiento, diagnóstico, capacidad) que les asignaste o que alguien más les asignó? ¿Encuentras que te burlas o haces chistes sobre los usuarios más difíciles de ayudar? ¿Te ocurre esto a menudo o con la mayor parte de las personas que atiendes?

Incremento de olvidos inexplicables

¿Olvidaste hacer algo que prometiste? A todos nos pasa, pero si la frecuencia de estos episodios ha aumentado, tal vez es momento de reflexionar acerca del significado de este problema. Una buena medida es determinar la frecuencia de olvidos por día, así como la gravedad de los mismos. ¿El incremento en la frecuencia de estos episodios te ha generado problemas graves y constantes? ¿Notas relación con la actividad que realizas?

Problemas para tomar decisiones

Se trata de indecisiones asociadas con un creciente sentido de incompetencia, las cuales se reflejan en interrogantes como: ¿De verdad estás suficientemente capacitado para realizar este trabajo? ¿Estarás provocando más daño que beneficio? ¿Posees las herramientas necesarias para resolver los problemas de quienes ayudas? ¿Los problemas de tus usuarios tienen solución? Este tipo de dudas generan dificultad para tomar decisiones en el área del trabajo, pero también puede extenderse a la vida familiar, con problemas de indecisión ante asuntos menores: por ejemplo: ¿Tardas más de lo habitual en decidir cómo vestirte? ¿Tienes serios problemas para elegir qué comer? ¿No puedes confirmar una reunión con tus amistades debido a tu indecisión de asistir?

Problemas en las relaciones personales

Evitas el contacto estrecho con personas significativas, cancelas reuniones, tus relaciones con personas cercanas son tirantes y algunas se han deteriorado gravemente. La tendencia con esta orientación es el aislamiento y ruptura o daño de vínculos importantes.

Disminución de la capacidad de escucha ante temas conflictivos

Esta puede ser una característica difícil de identificar, debido a que su reconocimiento puede generarte culpa o vergüenza, por esta razón es muy importante que realices un esfuerzo de reflexión y análisis. Se trata de detectar en ti mismo un malestar e incomodidad creciente cada vez que debes escuchar una historia dolorosa más. Nuestra resistencia para escuchar casos difíciles y los detalles de estos se relaciona también con una respuesta de autoprotección: evitar sobrecargarnos de emociones dañinas, no obstante, si en tu caso esta reacción se ha convertido en una constante, es posible que provoques inadvertidamente en tus usuarios lo que en investigación se llama la respuesta de silenciamiento; esta ocurre cuando el profesional envía inadvertida y reiteradamente mensajes que comunican su indisposición para continuar escuchando ciertos detalles de la problemática, por lo que el mensaje, una vez captado, limita al usuario en su apertura. ¿Hay cierto material que te resulta especialmente incómodo? ¿Cuáles son tus reacciones emocionales ante los temas más difíciles? ¿Continúas siendo tan abierto y disponible como lo has sido siempre?

Cuando tus usuarios te están compartiendo parte de su historia y/o problemas ¿Notas que cambias el tema? ¿Pospones la tarea de recuento narrativo del pasado traumático (no por razones técnicas)? ¿Minimizas las reacciones de dolor de tus usuarios? ¿Te distraes, dispersas o aburres? Si alguien a quien ayudas profesionalmente te solicita tiempo para ahondar en detalles delicados ¿Pospones la cita programada? ¿Niegas el espacio solicitado? ¿Tratas de desalentar el encuentro?

Nota importante: si tú mismo eres sobreviviente de experiencias traumáticas y notas esta disposición en tu actividad profesional, es probable que requieras asesoría especializada con la finalidad de evitar comprometer la efectividad de tu labor de ayuda.

Síntomas psicológicos

Disminución de tu capacidad de empatía

¿Te reconoces como alguien dispuesto a ayudar, escuchar, comprender y aceptar a otros? ¿En qué medida esa disposición continúa siendo fuerte en ti? Algunos ejemplos de la disminución en la capacidad de empatía son cuando un psicoterapeuta no reconoce síntomas francos de estrés postraumático en una paciente y los atribuye a intentos de manipulación; o bien, cuando un educador reacciona con enojo, desesperación y angustia cuando uno de los niños llora nuevamente por su madre ausente. Otra manifestación ocurre cuando se atiende a un perfil similar de usuario, podemos adelantar vísperas y dejar de escuchar con apertura a la persona que tenemos enfrente, sin saberlo nos ausentamos puesto que asumimos saber ya el final de la historia. La disminución en la capacidad de empatía también puede hacerse evidente en casa, por ejemplo, minimizando cuestiones que resultan serias e importantes para las personas que nos son significativas, en el incremento de conflictos con ellos, en la menor disposición para estar, escuchar o acompañar.

Dificultad para disfrutar tu trabajo

Es posible que hayas elegido tu profesión por vocación y hayas ejercido durante años con gran motivación. ¿Qué es lo que pasa ahora? ¿Dudas de lo acertado de tu elección? ¿Dudas de tu capacidad para hacer la diferencia en la vida de tus usuarios? ¿Encuentras difícil disfrutar la cercanía con las personas a quienes ayudas o prestas un servicio? ¿Notas un cambio negativo y paulatino como resultado de ejercer tu labor de ayuda?

Cambios negativos en tu estructura de creencias

Los cambios negativos que toman forma de desamparo profesional, constituyen una evolución compleja y negativa acerca de cómo sientes y piensas tus recursos profesionales, a tus usuarios y al mundo. Por ejemplo, toma nota de qué tan a menudo detectas estos cambios en tu persona: a) consideras que los problemas que atiendes son demasiado grandes como para poder resolverlos; b) consideras que los recursos con que cuentas son siempre insuficientes; c) piensas que ningún usuario puede ser realmente rehabilitado puesto que ha quedado marcado de forma negativa y permanente; d) percibes excesiva negatividad en el mundo, de tal manera que encuentras inútil tu trabajo; e) ponderas que tus habilidades profesionales son insuficientes para hacer la diferencia en la vida de tus usuarios.

Incremento de tu experiencia de vulnerabilidad

Debido al trabajo estrecho que realizas con personas vulnerables, aquejadas de violencia, indefensión, rezagos psicosociales y de salud, tu visión del mundo puede estar cambiando progresivamente hacia lo negativo, de tal manera que lo consideras un lugar peligroso, inseguro y lleno de amenazas para tu salud y bienestar, tanto para ti mismo como para las personas que amas. Esto puede llevarte a la sensación permanente de peligro y a la necesidad de proteger, especialmente a las personas que amas, lo cual trae como resultado desgaste y ansiedad para ti.

Imágenes intrusivas

Uno de los síntomas de estrés postraumático es la invasión de la mente con imágenes no deseadas, las cuales son altamente gráficas y perturbadoras puesto que se asocian a episodios de naturaleza traumática. En el caso de profesionales que ayudan a terceros, las imágenes invasivas pueden ser resultado directo de su trabajo: la escucha del relato de traumas o enfermedades de los usuarios. Estas imágenes pueden surgir en forma de pesadillas relacionadas (pero no necesariamente) a estas narraciones, o bien, en estado de vigilia. ¿Encuentras que no puedes dejar de pensar en cierta historia que se te ha compartido? ¿Te vienen a la mente imágenes gráficas de estas problemáticas aun cuando no quieres? ¿La invasión de estas imágenes llega a afectar tus actividades cotidianas (por ejemplo, te dificulta concentrarte en la lectura)?

Mezcla de la vida profesional con la vida personal

Todos sabemos que se trabaja para vivir, ¿pero en qué medida aplicas esta frase? Las personas que hemos elegido ejercer una actividad de asistencia o de servicio solemos tener tal vocación que podemos confundir lo que es un trabajo profesional con nuestra vida. En tu caso, ¿hay una clara línea entre tu trabajo y tu vida personal? ¿Qué porción de tu tiempo dedicas a tus intereses no profesionales, hobbies, familia y amigos? ¿Puedes desconectarte por completo (física, mental y emocionalmente) del trabajo para dedicar toda tu energía a tus asuntos no profesionales? ¿Has trascendido los límites de una relación puramente profesional? Una reflexión detallada de tus hábitos puede ayudarte a dar respuesta.

Ejercicios del capítulo

Ejercicio 6.1
Evalúa tus signos de riesgo

Instrucciones: Abajo se encuentra un listado con los signos de alarma que debes tener en cuenta como indicadores que señalan el riesgo de BO/FC/TV. Indica si cada síntoma ha estado presente en el último mes, para ello toma el tiempo suficiente para reflexionar y marcar tu respuesta con una X según corresponda; recuerda que no hay respuestas buenas o malas, lo más importante es la sinceridad contigo mismo.

MAGNITUD	SIGNIFICADO
0	Ausencia del síntoma
1	Síntoma presente pero en grado leve, no causa dificultades en la actualidad, no ocurre todos los días.
2	Síntoma presente en grado considerable, causa algunas dificultades reiteradas en mi vida personal y laboral.
3	Síntoma presente todos los días en grado severo, representa un problema grave.

Dimensión	En el último mes padeces...	0	1	2	3
Síntomas físicos	1. Agotamiento físico				
	2. Problemas para dormir				
	3. Dolor de cabeza				
	4. Incremento de enfermedades				
	5. Somatización (enfermedades sin causa médica)				
	6. Hipocondría (temor exagerado a enfermar)				
Síntomas conductuales	7. Incremento en el consumo de alcohol y/o drogas				
	8. Conductas compulsivas y dañinas				
	9. Irritabilidad				
	10. Ausentismo				
	11. Sentido exagerado de responsabilidad				
	12. Evitación de los usuarios				
	13. Atención despersonalizada a tus usuarios				
	14. Incremento de olvidos inexplicables				
	15. Problemas para tomar decisiones				
	16. Problemas en las relaciones personales				
	17. Disminución de la capacidad de escucha ante temas conflictivos				
Síntomas psicológicos	18. Disminución de la capacidad de empatía				
	19. Dificultad para disfrutar tu trabajo				
	20. Cambios negativos en tu estructura de creencias				
	21. Incremento de tu experiencia de vulnerabilidad				
	22. Imágenes intrusivas				
	23. Mezcla de la vida profesional con la vida personal				

Guía de interpretación

Instrucciones:

1. Realiza la sumatoria de cada tipo de respuesta que asignaste a los reactivos (magnitud de síntoma):

   Número de respuestas con 0 =
   Número de respuestas con 1 =
   Número de respuestas con 2 =
   Número de respuestas con 3 =

2. Enseguida revisa la columna derecha del siguiente cuadro e identifica el indicador y grado de riesgo que te corresponde; para ello comienza a cotejar en forma descendente y progresiva –desde riesgo alto–, considera que es suficiente con tener un solo indicador para identificar tu grado de riesgo (sin importar el resto de combinaciones).

   Ejemplo: si contestaste tres reactivos con 3, diez reactivos con 1, cinco con 0 y dos con 2, tu grado de riesgo es alto porque tienes un indicador de este nivel (aunque solo sea uno).

Grado de riesgo	INDICADORES
Alto	– Más de 10 reactivos contestados con puntaje de 2 – 3 o más reactivos contestados con puntaje de 3
Medio	– Entre 4 y 10 reactivos contestados con puntaje de 2 – Hasta 2 reactivos contestados con puntaje de 3
Mínimo	– Más de 10 reactivos con respuestas de 1, el resto con 0 – Hasta 3 respuestas contestadas con 2 – Ausencia de respuestas con 3
Nulo	– Todos los reactivos con respuestas de 0 – Hasta 10 reactivos con respuestas de 1, el resto con 0 – Ausencia de respuestas con 2 o 3

Nota: Es importante que consideres que la interpretación de este instrumento se basa en criterios clínicos, a partir de los cuales se otorga gran relevancia a la presencia de síntomas severos. Desde esta óptica y con la intención de mantener un grado de riesgo bajo, se te invita a revisar tus resultados para detectar la necesidad de realizar ajustes en la manera en que trabajas y vives, que se verán reflejados en el plan de autocuidado específico que vayas a formular (ver detalles en los capítulos de la tercera parte).

Al final del ejercicio anota tus reflexiones en la bitácora, para ello puedes guiarte con las siguientes preguntas:

- Más allá del resultado ¿Te consideras realmente en riesgo?
- ¿Te sorprenden tus resultados? Si es así ¿por qué razones? ¿Cómo pueden pasar desapercibidos los cambios negativos en tu persona?
- ¿Cuál sería la opinión de tus seres queridos –y demás personas cercanas– acerca de tus resultados?

Conclusión

La mejor manera de resolver un problema es prevenir que ocurra, o bien, intervenir tempranamente para evitar que se convierta en una situación conflictiva e inmanejable. De acuerdo con esta lógica, en este capítulo se presentó una descripción de los síntomas primarios de desgaste profesional, lo cual parte de una propuesta clara: en la medida en que conozcas y te familiarices con tus síntomas tempranos de desgaste particulares, es posible que aprendas a detectarlos para realizar ajustes a tu ritmo de trabajo. Es importante resaltar además, que de esta manera también se está favoreciendo el desarrollo del hábito de la autoobservación, el cual se considera un recurso clave para mantenerse protegido.

capítulo 7
Autoevaluación y monitoreo de síntomas

En los capítulos de la primera parte se describió al BO, FC y TV como síndromes que entrañan un considerable desgaste físico, emocional y mental, la intención fue aclarar que la actividad profesional de asistencia y de servicio te coloca en riesgo constante de padecerlos. En los capítulos precedentes de la segunda parte se describió a los cuadros en términos evolutivos para ayudar a la identificación de las fases previas, intermedias y críticas. En este capítulo se presenta una herramienta psicométrica para medir la severidad actual del problema, de tal manera que puedas calificar, interpretar tus resultados y obtener una impresión diagnóstica, sin olvidar que se trata solo de una referencia y que en caso de dudas debes consultar con un profesional.

Evaluación de tu calidad de vida profesional

La prueba "Calidad de Vida Profesional", conocida como como ProQOL, versión 5, es una de las herramientas de autoexploración diagnóstica más usada en investigación. Originalmente fue desarrollado por Figley, quien lo llamó Autoevaluación de fatiga de compasión, pero en 1993 Stamm añadió el término satisfacción en la compasión, motivo por el cual se cambió el nombre a Test de Fatiga y satisfacción en la compasión. El nombre definitivo se acuñó hacia finales de la década de los 90, con Stamm como único autor. La versión original se elaboró en idioma inglés, no obstante, a la fecha se cuenta con traducciones al finlandés, francés, alemán, hebreo, italiano, japonés, español, croata, portugués, ruso, etcétera.[1]

El instrumento se creó debido al interés actual en el tema del desgaste emocional en personal de salud y de asistencia a terceros en particular, se utiliza en diferentes partes del mundo y se fundamenta en la teoría del burnout; ahonda en el impacto que tienen sobre el profesional las experiencias traumáticas padecidas por las personas a quienes se ayuda. Mide la cualidad de las emociones tanto positivas como negativas relacionadas con el trabajo de asistencia, a través de tres dimensiones: Satisfacción en la compasión (SC), burnout (BO) y trauma vicario (TV).

El modelo teórico propone la siguiente relación entre estas dimensiones:

Desde esta perspectiva, la calidad de vida profesional se compone de un continuo con dos opuestos, por un lado, emociones positivas derivadas de la satisfacción en la compasión, es decir, de realizar una labor de ayuda; pero también de una dimensión de emociones negativas, llamada fatiga de compasión, que consiste a su vez tanto en síntomas de burnout, como de trauma vicario (trauma secundario).

Autoevaluación con el Pro-QOL 5

El Inventario Maslach de Burnout (MBI) es el instrumento más utilizado para estudiar el síndrome en diferentes profesiones, así como para comparar poblaciones de diferentes países. Sin embargo, no es el único instrumento existente, pues también se encuentra disponible el Cuestionario Shirom Melamed de Burnout,[2] así como el Inventario de Burnout en Español, llamado Cuestionario para la Evaluación del Síndrome de Quemarse por el Trabajo, el cual cuenta con adaptación, validación y normas para diferentes poblaciones de habla hispana, incluida la mexicana,[3] su utilidad reside además en que posee una sólida fundamentación teórica y psicométrica.

No obstante, se propone la utilización del instrumento Calidad de Vida Profesional (Pro-QOL) debido a lo siguiente: su fundamentación teórica es sólida; permite evaluar una dimensión positiva esencial en labores de asistencia, por lo que se puede ubicar al entrevistado en un continuo satisfacción/fatiga de compasión –imposible con otros instrumentos–; arroja estimaciones de las variables burnout y trauma vicario; es ampliamente conocido y utilizado actualmente, por lo que cuenta con diferentes traducciones y adaptaciones, incluida la española, y se encuentra disponible para uso libre en contexto clínico y de investigación.

En el siguiente apartado se presenta este instrumento, con instrucciones para contestar, calificar e interpretar los resultados.

Instrumento Calidad de Vida Profesional (Pro-QOL5)

Instrucciones: Cuando ayudas a las personas te pones en contacto directo con sus vidas. Puedes notar que tu compasión para aquellos a quienes asistes puede afectarte de maneras tanto positivas como negativas. Las siguientes preguntas son acerca de tus experiencias positivas y negativas al ejercer como profesional que brinda ayuda a otros. Contesta cada una de las siguientes preguntas respecto a ti y tu trabajo actual. Selecciona con honestidad el número que indique la frecuencia con que experimentaste estas situaciones en los últimos 30 días (escribe el número del lado izquierdo).

| 1 = Nunca | 2 = Raramente | 3 = Algunas veces | 4 = Frecuentemente | 5 = Siempre |

	1.	Soy feliz
	2.	Estoy preocupado por uno o más de mis usuarios
	3.	Estoy satisfecho de poder ayudar a la gente
	4.	Me siento vinculado a otras personas debido a mi trabajo
	5.	Me sobresaltan los sonidos inesperados
	6.	Me siento fortalecido después de trabajar con las personas a las que ayudo
	7.	Encuentro difícil separar mi vida profesional de mi vida personal
	8.	No soy tan productivo en el trabajo porque pierdo el sueño debido a que escucho las experiencias traumáticas de uno de mis usuarios
	9.	Creo que he sido afectado negativamente por las experiencias traumáticas de mis usuarios
	10.	Me siento "atrapado" por mi trabajo
	11.	Debido a mi profesión tengo la sensación de estar al límite en varias cosas
	12.	Me gusta trabajar ayudando a la gente
	13.	Me siento deprimido debido a las experiencias traumáticas de mis usuarios
	14.	Siento como si fuera yo el que experimenta el trauma de algunos de mis usuarios
	15.	Tengo creencias (religiosas, espirituales u otras) que me apoyan en mi trabajo profesional
	16.	Estoy satisfecho por cómo soy capaz de mantenerme al día en las técnicas y procedimientos de mi labor asistencial
	17.	Soy la persona que siempre he querido ser
	18.	Mi trabajo me hace sentir satisfecho
	19.	Por causa de mi trabajo me siento agotado

	20.	Tengo pensamientos de satisfacción acerca del trabajo con mis usuarios y sobre cómo he podido ayudarles
	21.	Me siento abrumado por la cantidad y tipo de trabajo que tengo que afrontar
	22.	Creo que puedo hacer cambiar las cosas a través de mi trabajo
	23.	Evito ciertas actividades o situaciones porque me recuerdan a las experiencias espantosas de mis usuarios
	24.	Estoy orgulloso de lo que puedo hacer para ayudar
	25.	Como resultado de mi trabajo de asistencia, tengo pensamientos molestos, repentinos e indeseados
	26.	Me siento "estancado" (sin saber qué hacer) respecto a cómo funciona la organización de mi institución
	27.	Considero que soy un buen profesional
	28.	No puedo recordar determinados acontecimientos relacionados con víctimas muy traumatizadas
	29.	Soy una persona demasiado sensible
	30.	Estoy feliz por haber elegido hacer este trabajo

© B. Hudnall Stamm, 2009-2012; traducido por Morante (2005); adaptado por Marín, 2015. Professional Quality of Life: Compassion Satisfaction and Fatigue Version 5 (ProQOL). www.proqol.org

¿Cuál es mi puntuación y mi nivel de SC, BO y TV?

A continuación se dan las instrucciones para obtener tu puntuación de la prueba en cada dimensión y comprender su significado:

Suma las puntuaciones de los reactivos que se señalan e interpreta tus resultados a partir de la tabla de la derecha.

Satisfacción en la compasión (SC)
Suma la puntuación de los siguientes reactivos:

3+6+12+16+18+20+ 22+24+27+30

TOTAL=_____

Si la suma de los reactivos de Satisfacción en la compasión es	Mi nivel de Satisfacción en la compasión es
22 o menos	Bajo
Entre 23 y 41	Promedio
42 o más	Alto

Burnout (BO)
Invierte la puntuación de estos reactivos 1, 4, 15, 17 y 29 de esta forma: (1=5), (2=4), (3=3), (4=2), (5=1). Una vez hecha la modificación, considera el nuevo puntaje para la suma de la puntuación de los siguientes reactivos:

1+4+8+10+15+17+ 19+21+26+29

TOTAL=_____

Si la suma de los reactivos de burnout es	Mi nivel de burnout es
22 o menos	Bajo
Entre 23 y 41	Promedio
42 o más	Alto

Trauma secundario/vicario (TV)
Suma la puntuación de los siguientes reactivos:

2+5+7+9+11+13+14+23+25+28

TOTAL=_____

Si la suma de los reactivos de trauma vicario es	Mi nivel de trauma vicario es
22 o menos	Bajo
Entre 23 y 41	Promedio
42 o más	Alto

© B. Hudnall Stamm, 2009-2012; traducido por Morante (2005); adaptado por Marín, 2015. Professional Quality of Life: Compassion Satisfaction and Fatigue Version 5 (ProQOL). www.proqol.org

Interpretación de tus resultados

Con base en tus respuestas, retoma tus puntuaciones y tus niveles de cada dimensión. A continuación se da una interpretación que te ayudará a entender cómo se encuentra tu calidad de vida profesional. Si tienes dudas o detectas serias dificultades, debes discutirlas con un especialista en salud física y/o mental.

Satisfacción en la compasión

Puntuación _____ Nivel_____

Se refiere al placer derivado de ser capaz de hacer bien tu trabajo. Por ejemplo, puedes sentir como placentero el ayudar a otros a través de tu trabajo. Puedes sentirte en forma positiva acerca de tus colegas o de tu capacidad para contribuir a la creación de un entorno de trabajo adecuado, o incluso de generar mayor bien a la sociedad. Las puntuaciones más altas en esta escala representan una mayor satisfacción relacionada con tu capacidad para ser un cuidador eficaz en tu trabajo.

La puntuación promedio es de 50. Alrededor del 25% de las personas obtienen puntuaciones superiores a 57, mientras que aproximadamente 25% de las personas obtienen puntuaciones por debajo de 43. Si te encuentras en el escalafón más alto, probablemente obtienes una buena dosis de satisfacción profesional de tu actividad. Si tus resultados son menores a 40, es posible que enfrentes dificultades en tu trabajo; otras razones incluyen por ejemplo, que obtienes satisfacción de actividades distintas a tu trabajo.

Burnout

Puntuación _____ Nivel_____

La mayoría de la gente tiene una idea intuitiva de lo que es el BO. Desde la perspectiva de la investigación, el BO es uno de los elementos de la Fatiga de compasión. Se asocia con sentimientos de desesperanza y dificultades en el trabajo o para hacer tu trabajo eficientemente. Estos sentimientos negativos suelen tener una evolución gradual. Pueden reflejar la sensación de que tus esfuerzos no hacen diferencia, o pueden asociarse con una carga de trabajo alta, o con un entorno de trabajo desfavorable. Las puntuaciones más elevadas en esta escala significan que te encuentras en mayor riesgo de padecer BO.

La puntuación media en la escala de burnout es 50. Alrededor del 25% de las personas obtienen puntuaciones superiores a 57, mientras que aproximadamente 25% de las personas obtienen puntuaciones por debajo de 43. Si tu puntuación es inferior a 43, esta refleja sentimientos positivos acerca de tu habilidad para ser eficiente en tu trabajo. Si tu puntuación es superior a 57, es importante que pienses acerca de lo que te hace sentir como si no fueras eficaz en tu trabajo. Tu puntuación puede reflejar tu estado de ánimo, tal vez tuviste un "mal día" o necesitas de un descanso. Si persisten tus puntuaciones elevadas o si se trata de un reflejo de otras preocupaciones, es posible que requieras de asistencia.

Trauma secundario/vicario

Puntuación _____ Nivel _____

El segundo componente de la fatiga de compasión (FC) es el estrés traumático secundario (TV). Se trata de la exposición vicaria –con motivo de tu trabajo– a eventos extremadamente estresantes o traumáticos. Desarrollar problemas debido a la exposición del trauma de otros es algo raro, si bien le ocurre a muchas personas que cuidan a quienes han experimentado eventos traumáticos o de estrés extremo. Por ejemplo, puedes escuchar repetidamente historias sobre episodios traumáticos que les sucedieron a otras personas, lo que comúnmente se llama *traumatización vicaria*. Si tu trabajo te expone directamente a algún daño, por ejemplo, trabajo de campo en un lugar peligroso o violento, no se trata de exposición secundaria, es exposición primaria. Sin embargo, si estás expuesto a los acontecimientos traumáticos de otras personas como resultado de tu trabajo, por ejemplo, como un terapeuta o un trabajador de emergencia, se trata de exposición secundaria. Los síntomas de TV generalmente aparecen rápidamente y se asocian con un evento en particular. Pueden incluir: estar atemorizado, dificultades para dormir, tener imágenes mentales invasivas del evento perturbador, o evitar las circunstancias que te recuerdan el evento.

La puntuación media en esta escala es de 50. Alrededor del 25% de las personas obtienen puntuaciones por debajo de 43 y alrededor del 25% puntúan por encima de 57. Si tu puntuación es superior a 57, es importante que pienses acerca de lo que te afecta en el trabajo, o si existe alguna otra razón para tu puntuación elevada. Los puntajes más elevados no significan que efectivamente padeces el problema, se trata de una indicación de que es posible que desees examinar cómo te sientes acerca de tu actividad y tu medio laboral. Es posible que desees conversar esto con tu supervisor, un colega o un profesional de la salud.

© B. Hudnall Stamm, 2009-2012; traducido y adaptado por Marín, 2015. Professional Quality of Life: Compassion Satisfaction and Fatigue Version 5 (ProQOL). www.proqol.org

Interpretación de resultados combinados

Las combinaciones de resultados y niveles en cada una de las dimensiones también nos ayuda a evaluar nuestra calidad de vida profesional. Retoma tus resultados y revísalos a la luz de la siguiente información.

Nivel alto de satisfacción en la compasión; burnout y trauma vicario en nivel bajo/moderado.

Es el resultado más positivo, significa que recibes gratificación apropiada a partir de la actividad que realizas, además de que te percibes como una persona emocionalmente equilibrada, eficiente, conectada mental y emocionalmente a las personas y a tu actividad. Es probable que aportes con eficiencia tus fortalezas a tu institución y a quienes la conforman.

Burnout en nivel alto; cualquier nivel de satisfacción en la compasión y trauma vicario.

Te encuentras en riesgo personal y laboral, lo cual puede favorecer que cometas errores que colocan a tus usuarios e institución en situaciones comprometidas. Puedes padecer un sentimiento crónico de desesperanza y evitar el contacto estrecho tanto con personas significativas como con los beneficiarios de tu labor.

Nivel alto de trauma vicario; niveles bajos de satisfacción en la compasión y de burnout.

Te encuentras en riesgo personal y laboral aunque no sea tan evidente. Por el momento describes actitudes neutrales respecto a tu trabajo, no experimentas aversión ni ineficacia, pero tampoco entusiasmo ni satisfacción. Es recomendable una asesoría psicológica puesto que puedes desarrollar burnout y/o depresión.

Nivel alto de satisfacción en la compasión y nivel alto de trauma vicario, con nivel bajo de burnout.

Te percibes como una persona eficiente y con buen desempeño, puesto que consideras que tu trabajo es relevante, no obstante, es probable que te sientas invadido y afectado por las vivencias traumáticas que te comparten las personas a quienes ayudas, por ejemplo, puedes experimentar un incremento en tu ansiedad, con preocupaciones constantes acerca de tu seguridad y la de tu familia. En niveles muy elevados, es recomendable una intervención específica para el alivio de la exposición secundaria a traumas.

Nivel bajo de satisfacción en la compasión, con nivel bajo de burnout y trauma vicario.

Te encuentras en riesgo de desarrollar BO y TV. Puede ser necesaria una asesoría profesional para determinar si padeces fatiga de compasión y evaluar además el impacto que tiene esta sobre tu persona e institución. Puede ser necesario que modifiques tu agenda de trabajo y reflexiones sobre tu falta de motivación.

Nivel bajo de satisfacción en la compasión, con nivel alto de burnout y trauma vicario.

Es la combinación menos deseable. Es probable que te sientas ineficaz y trabajes inadecuadamente, con una actitud negativa hacia el trabajo y las personas, incluso puedes padecer depresión con imposibilidad para reestablecerte física y emocionalmente. Te colocas a ti mismo, a tus usuarios e institución en un riesgo alto, por lo que es urgente la atención profesional.

© B. Hudnall Stamm, 2009-2012; traducido y adaptado por Marín, 2015. Professional Quality of Life: Compassion Satisfaction and Fatigue Version 5 (ProQOL). www.proqol.org

Reflexiones del capítulo

Toma un tiempo para reflexionar acerca de los resultados de tu evaluación. Escribe en tu bitácora el impacto que te produjo conocer el grado actual de riesgo en que te encuentras. Puedes guiarte con las siguientes preguntas:

1. ¿En qué dimensiones detectas dificultades?

    - Satisfacción en la compasión baja
    - Burnout moderado/alto
    - Trauma vicario moderado/alto

2. Lee nuevamente las definiciones para reflexionar acerca de lo que te está ocurriendo.

3. ¿De qué magnitud es el riesgo en que te encuentras?

4. ¿Cuáles son las causas principales de estos resultados?

5. ¿Habías pensado con anterioridad en buscar asesoría profesional? ¿Por qué?

6. En caso de resultados positivos, ¿qué contribuye a tu bienestar? ¿Cuáles son tus recursos principales? ¿Qué dinámica de tu trabajo te ayuda a estar protegido?

7. ¿Detectas focos rojos o condiciones laborales problemáticas que te generan desajuste? ¿Qué áreas son las problemáticas?

8. ¿En qué medida se ha despertado en ti el deseo de un cambio? ¿Estás dispuesto a trabajar para mejorar el estado actual de las cosas?

Tercera parte

Formulación de un plan de autocuidado

capítulo **8**
Preparación para el cambio: lista de recursos

Los profesionales al cuidado y atención de terceros tenemos un gran compromiso con nuestra labor y especialmente con aquellos a quienes servimos, de hecho, es probable que nuestras características personales nos conduzcan al trabajo continuo y a una dedicación que sorprende y admira a las personas que nos rodean: disfrutamos del trabajo que realizamos y siempre estamos dispuestos a dar más de nosotros. Pero, ¿en qué medida somos responsables de nuestro propio cuidado? ¿Disponemos del mismo empeño al momento de procurar nuestro bienestar? ¿Consideramos merecer las mismas atenciones que prodigamos? ¿Cómo se materializan los cuidados que proporcionamos a nuestra persona? En tu caso, ¿qué tanto tiempo destinas a tus proyectos personales o al descanso?

Estas cuestiones son retomadas por la Green Cross Academy of Traumatology[1] en una Guía de autocuidado para los profesionales que prestan asistencia a terceros (www.greencross.com), donde se puntualiza que la vocación laboral que desatiende el propio bienestar es, de hecho, un compromiso parcial y negligente. Se trata de una lógica acerca de la naturaleza de nuestra actividad, con énfasis en la importancia de detectar y modificar hábitos para el fomento de nuestra salud, esparcimiento, recuperación física y emocional. En este capítulo se retoman, adaptan y amplían los lineamientos de la guía en una nueva propuesta para preparar el plan de cambio.

¿Qué es un plan de autocuidado?

Cuidar bien de uno mismo es una tarea básica para profesionales al servicio de otros, lo cual se realiza con mayor efectividad al proceder de forma sistemática, entonces ¿qué es un plan de autocuidado? ¿Qué propósitos cumple? ¿Cuál su vigencia? y ¿Cómo se formula? A manera de introducción, en este capítulo se presenta una definición conceptual, los objetivos que se persiguen, así como una lista de chequeo con los requerimientos y lineamientos esenciales para su elaboración.

> **Plan de autocuidado**
>
> Es la mejor manera de generar y mantener un estado óptimo de salud puesto que se concibe como una estrategia estructurada que comprende acuerdos –tanto con uno mismo como con personas auxiliares– para la realización de acciones concretas, encaminadas al restablecimiento de los propios recursos e incluye tareas de recuperación en tiempos específicos, así como instrumentos de autodiagnóstico, todo lo cual se establece previamente en forma de documento escrito.

De esta forma, se concibe que la tarea de autocuidado implementada en forma de plan, consiste en una estrategia sistemática permanente, con un inicio formal desde el momento en que lo formulas por escrito y firmas tu compromiso de adherencia (ver capítulo correspondiente). Se sugiere una vigencia mínima de seis meses, a partir de los cuales resulta conveniente que realices revisiones y cambios; no obstante, es importante que te sientas en total libertad de realizar ajustes en plazos menores, siempre que sea necesario para hacer posible el cometido principal: disminuir los efectos de desgaste característicos de tu labor de ayuda, de tal forma que puedas mantenerte predominantemente en el extremo positivo del continuo satisfacción/fatiga de compasión.

Objetivos de un plan de autocuidado

Desde una perspectiva sistemática, resulta conveniente tener presentes los propósitos que se persiguen al formular un plan de autocuidado, puesto que de esta manera te es posible: determinar la efectividad de las acciones que tomas, identificar y subsanar vacíos, y reformular tu estrategia en caso de eficiencia limitada. Los objetivos específicos son los siguientes:

1. Generar consciencia permanente acerca del riesgo de desgaste físico/emocional a que estás sometido. Partimos de la idea de que como profesional que presta sus servicios a personas en condiciones de vulnerabilidad extrema, te encuentras bajo circunstancias que generan estrés y desgaste en mayor o menor medida, por tanto, los efectos del mismo se notarán en tu persona de una u otra forma, a menudo en forma insidiosa, lenta, progresiva y, por tanto, poco evidente. En este sentido, al formular y adherirte a un plan de autocuidado no solo estás promoviendo la toma de consciencia de los elementos que te generan mayor carga de estrés, sino que también generaras una actitud positiva y proactiva.
2. Crear una actitud constante de interés, involucramiento, responsabilidad y compromiso encaminados a tu autocuidado. Crear consciencia de riesgo no implica generarte más estrés del que ya recibes debido a tus circunstancias laborales difíciles, más bien, se asume que a partir de la simple toma de consciencia puedes disponer de una actitud más receptiva hacia tareas de recuperación y autocuidado en general, lo cual implica que aprendas habilidades tales como el priorizar las propias necesidades de seguridad, recreación y descanso.
3. Establecer rutinas de autoexploración y detección de tus síntomas físicos y emocionales. El riesgo permanente en los profesionales que ayudamos a otras personas alude a que nos movemos constantemente entre el agotamiento y el restablecimiento de recursos (continuo satisfacción/fatiga de compasión), por tanto, en tu estrategia estructurada para generar protección permanente se incluyen instrumentos de medición, los cuales debes usar periódicamente, de tal manera que puedas identificar objetivamente el grado de desgaste que padeces en un momento determinado. No obstante, cabe destacar que no es suficiente con que dispongas de herramientas sofisticadas de diagnóstico, puesto que estas no sustituyen al autoconocimiento, a la disposición de información científica sobre BO/FC ni al hábito de autoobservación compasiva y comprensiva.
4. Disponer de los recursos necesarios (materiales, humanos y de habilidades) para que lleves a cabo acciones concretas. Al momento de formular tu plan estructurado, es importante que pla-

nifiques y dispongas de algunos recursos para hacerlo operar de forma efectiva; por ejemplo, si incluyes el ejercitarte como parte de tu rutina de autocuidado, puedes establecer que requieres de un gimnasio, tiempo y dinero para llevarlo a cabo. Al respecto, es importante que consideres lo siguiente: a) debes formular tu plan en forma viable, contemplando no solo los recursos necesarios sino también la manera de cómo adquirirlos; b) el cuidado eficiente de tu persona no requiere necesariamente de un costo monetario; c) para obtener uno de tus recursos más valiosos: tu tiempo, es probable que solo requieras de un cambio en la manera en que lo administras; d) el recurso esencial consiste en un cambio de mentalidad hacia el autocuidado, puesto que con pequeños ajustes puedes generar mayor bienestar en tu persona.

5. Establecer principios para la práctica cotidiana, en los que incluyas horarios, plazos y metas. Ningún plan cobrará verdadero sentido hasta que puedas ponerlo en marcha, por tanto, en la formulación del mismo debes especificar las condiciones que lo hagan operable, es decir, lograr que este se traduzca en acciones y cambios concretos. En este orden de ideas, al momento de su formulación también debes prever los obstáculos posibles, así como la manera de resolverlos.

6. Cuando sea necesario, establecer criterios para que busques ayuda profesional y no profesional. Nadie se basta a sí mismo, ni siquiera quienes tenemos la formación y vocación del cuidado de otros, por tanto, las fluctuaciones hacia el desgaste y fatiga de nuestros recursos personales pueden colocarnos en situaciones críticas que entrañan riesgos para nuestra salud y bienestar general. Por tanto, en un plan adecuado se establecen las condiciones de alarma que indican la necesidad de que te movilices para buscar y recibir activamente la asistencia de colegas, amigos, familiares y/o profesionales de la salud. Parte la responsabilidad con nosotros mismos y con quienes servimos implica saber reconocer que necesitamos ayuda, el dejarse cuidar y asistir, recibir un poco de la bondad que a menudo brindamos a otros. En el epílogo se especifican los criterios para la búsqueda de ayuda especializada.

Formulación de un plan de autocuidado

Respecto a la pregunta ¿cómo se genera un plan de autocuidado? debe aclararse que no existe un formato único ni una regla de oro, pero sí se dispone de una serie de lineamientos generados desde la década de los noventa, los cuales consisten en formulaciones dirigidas a la prevención, con énfasis en la implementación de ciertos pasos, requerimientos y/o componentes terapéuticos. Desde entonces la investigación sobre el tema ha permitido conocer mejor el problema del desgaste y perfeccionar la modalidad de intervención. En la siguiente tabla se presenta una lista de cotejo con los requerimientos para la formulación de un plan personalizado.

Lista de chequeo para realizar un plan de autocuidado

A continuación se encuentra una lista con los recursos o tareas requeridas para la elaboración de tu plan de autocuidado, agrupadas en grandes estrategias. Revísala detenidamente. Esta herramienta te ayudará a llevar un registro de tus avances.

Cuando consideres haber realizado satisfactoriamente el requerimiento, escribe en la columna del extremo derecho un SI; por el contrario, escribe NO si en el momento presente no consideras haber realizado adecuadamente el requerimiento o tarea.

	Recurso o tarea	Cumplido
	Incrementa el grado de atención y consciencia	
1	Crea consciencia de la necesidad de un cambio	
2	Detecta tus principales estresores	
3	Aprende a identificar tus síntomas de desgaste	
	Rompe tu aislamiento	
4	Consigue cómplices/monitores	
5	Realiza un inventario de tus acciones actuales de autocuidado	
	Establece un balance trabajo/vida personal	
6	Separa tu vida personal del trabajo y define tus prioridades	
7	Elige al menos una acción de autocuidado de cada área (física, psicológica, social-interpersonal, espiritual)	

	Formula un plan estructurado por escrito	
8	Formula por escrito tu plan de autocuidado	
9	Firma una carta compromiso de cambio	
10	Desarrolla más habilidades de autocuidado	
11	Practica en forma rutinaria tus acciones de autocuidado	
12	Mide periódicamente tus niveles de burnout, Fatiga de Compasión y trauma vicario	
13	Revisa y ajusta periódicamente la efectividad de tu plan	

TABLA 8.1 Lista de chequeo para realizar un plan de autocuidado.

Todos los recursos enlistados resultan esenciales puesto que cada uno contribuye a crear las condiciones necesarias para establecer una estrategia adecuada, sin embargo, cada recurso por sí mismo resulta protector. Ahora bien, es muy importante considerar las siguientes acotaciones:

- La lista de chequeo especifica recursos, los cuales tienen el formato de tareas o acciones que deben ser implementadas, de esta manera, es posible identificar tanto tus progresos como los vacíos respecto a la formulación de tu plan.

- Es recomendable revisar periódicamente esta lista de chequeo, de tal manera que actualices tu compromiso hacia el autocuidado, además de verificar la pertinencia de tus acciones protectoras.

- Las tareas no son pasos que siguen una secuencia lineal, por el contrario, la mejor manera de concebir la estrategia completa es a partir de la imagen de un espiral: podemos situarnos en cualquier sitio y movernos hacia adelante y hacia atrás con total libertad, pero sin perder de vista que el mejor plan incluye a todos o a la mayoría de los recursos estipulados.

- Con esta lista de chequeo NO pretendo abrumarte con más tareas, por el contrario, se concibe como una estructura que permite planificar, por tanto, requiere esencialmente de una disposición mental/emocional.

- La lista de chequeo consiste en un breve esbozo de recursos o tareas por cumplir, cada uno de los cuales contribuye a mantenerte protegido.

En los capítulos siguientes se brinda una descripción más detallada de cada uno de estos recursos.

Reflexiones del capítulo

Después de revisar y responder puntualmente la Lista de chequeo para elaborar un Plan de autocuidado, contesta las preguntas siguientes:

- ¿Qué piensas y sientes respecto a las tareas/recursos que se te solicitan? Anota tus primeras impresiones, sin meditar sobre la respuesta.

- ¿Cuántas tareas de autocuidado implementas actualmente?

- ¿Has realizado algunas de estas tareas en el pasado, pero ya no en el presente? ¿Por qué razón dejaste de realizarlas?

- ¿Consideras posible integrar un plan de acción con todos estos recursos a tu agenda laboral/personal?

- Si encuentras limitaciones para implementar algún recurso o tarea ¿Qué alternativas de solución propones?

capítulo **9**
Incrementa el grado de atención y consciencia

Un elemento fundamental y accesible al mismo tiempo, consiste en incrementar el grado de atención y consciencia que disponemos para nuestra persona, puesto que la autoobservación objetiva y compasiva es protectora por sí misma, es la esencia de cualquier tarea de autocuidado y por supuesto, no puede sustituirse con ningún aparato sofisticado ni con la mayor inversión en clubes, gimnasios o viajes. Existe una lógica para esta afirmación y es el hecho de que ningún profesional puede estar permanentemente protegido, exento de los efectos negativos de su labor de ayuda (y de las contrariedades de la vida en general), más bien se asume que cada uno de nosotros nos desplazamos en uno u otro sentido a lo largo del continuo satisfacción/fatiga de compasión; por esta razón, la atención permanente y encauzada permite identificar cambios negativos y la toma de acciones preventivas.

En este capítulo se revisan los recursos 1, 2 y 3 de la lista de chequeo para generar el plan de autocuidado. Cabe aclarar que en esta propuesta el incremento de la autoobservación y autoconocimiento se enfatizan como prioridades en la ejecución de estas tres tareas, no obstante, se proponen como esenciales para cualquier actividad de autocuidado y para la formulación de todo plan integral.

Autoobservación y autoconocimiento

El precepto "conócete a ti mismo" estaba escrito en el oráculo del dios Apolo en Delfos, y aun cuando se desconoce al autor del mismo, es claro que continúa vigente hasta nuestros días, si bien con diferentes acepciones. En su tiempo, Sócrates lo retomó para sentenciar de esta manera: "Una vez que nos conozcamos, podremos aprender a cuidar de nosotros, pero si no, nunca lo haremos"; con ello, el filósofo no hacía referencia al conocimiento y cuidado del propio cuerpo, sino del verdadero yo, del alma o psique.[1,2] Ahora bien, para propósitos de nuestro trabajo, autoconocimiento se refiere al proceso de observación, comprensión, aceptación y dominio del propio comportamiento, pensamiento y emociones, también al reconocimiento de los propios límites; cabe aclarar que dicho proceso se encuentra en perfeccionamiento constante e involucra aprender a mirarse a uno mismo con mayor objetividad y benevolencia.

Conocerse a uno mismo parece ser una actividad que solo requiere de sentido común, un hecho que solemos dar por sentado; no obstante, al retomar nuevamente a Sócrates encontramos más bien que: "La verdadera sabiduría está en reconocer la propia ignorancia" y es de esta aseveración de donde parten los siguientes argumentos:

1. El autoconocimiento se contempla como un proceso difícil pero no imposible, que puede y debe actualizarse continuamente, que no termina nunca, precisamente por la naturaleza humana en devenir permanente. Desde este punto de vista, se te invita a cuidar mejor de ti mismo a partir de mantener una actitud abierta, reflexiva y de interés constante acerca de tu propia persona.

2. Existen procedimientos que permiten ampliar el autoconocimiento, no obstante, profundizar hacia esta aventura compete a cada persona y a la responsabilidad con uno mismo.

3. Las tareas y procedimientos encaminados hacia el autoconocimiento son personales y, por tanto, particulares y únicos.

4. Se trata de un proceso con impacto a nivel subjetivo, pero con repercusiones en el ambiente; por ejemplo, una persona que se conoce y acepta mejor, puede ser más paciente y comprensiva con los demás

Más que generar desaliento, al reconocer la propia ignorancia y el hecho de que ninguna persona puede llegar a conocerse realmente a sí misma, se incentiva la posibilidad de profundizar en este conocimiento, ahora bien, a pesar de ser de difícil acceso, podemos ampliar este dominio a partir de la intención comprometida en este sentido, además de la disposición para realizar ciertas prácticas, tales como la psicoterapia, el autoanálisis, la meditación, la autobiografía (tarea asignada en la introducción de este libro), la autoobservación, la reflexión, etcétera.

Si consideramos al autocuidado como el total de acciones que se implementan con la finalidad de restablecer un equilibrio físico, emocional y mental, a partir del cual se genera bienestar, se puede considerar cierta la afirmación de Sócrates: un prerequisito y aun la esencia del mismo implica conocerse mejor, puesto que al comprender, aceptar y apreciar quien eres y las elecciones que te han llevado hasta el presente, es más posible tomar decisiones fundamentadas en el propio beneficio y el autodesarrollo, incrementar el amor y respeto propios. En este capítulo se presentan tareas de autoobservación encaminadas específicamente hacia el autocuidado.

Recurso 1: Crea consciencia de la necesidad de cambiar

Nuestra capacidad humana de adaptación facilita que podamos trabajar y vivir bajo condiciones francamente adversas y dañinas, más aún, solemos padecer dudas y temores acerca de la necesidad de un cambio; de hecho, las personas podemos acostumbrarnos a tal grado a nuestros hábitos que estos se hacen automáticos, dejamos de ser conscientes de ellos. Por estas razones, el proceso de cuidar mejor de uno mismo comienza al crear consciencia de la necesidad de cambiar, al mentalizarte que en adelante debes hacer las cosas de forma diferente.

Es importante que notes que en esta propuesta se subraya la responsabilidad acerca del propio comportamiento y bienestar, de tal manera que puedas trascender el hecho de lamentarte de las circunstancias, pero sin practicar soluciones a tu alcance. Con el propósito de generar consciencia, responsabilidad y promover la reflexión, considera los cuestionamientos que se presentan a continuación:

Cuestionamientos para promover la toma de consciencia

- ¿Qué estás haciendo (o dejando de hacer) en la actualidad para contribuir a tu problema de BO/FC?
- ¿Qué efectos de desgaste detectas en tu persona?
- ¿Estás consciente de tu necesidad de cambiar? ¿En qué grado?
- ¿Qué consideras que debes hacer para cuidar mejor de ti mismo?
- ¿Qué circunstancias te limitan para tomar consciencia de la necesidad de cambiar?
- ¿Qué circunstancias te limitan para tomar acciones que materialicen un cambio efectivo?

Es recomendable que realices periódicamente el ejercicio de reflexionar las respuestas a estas preguntas y anotes tus hallazgos en tu bitácora. Considera que la necesidad de cambiar no se refiere exclusivamente a tu persona, ya que debido a tu vocación, posees la madurez, disposición, inteligencia y sensibilidad necesarias para ser responsable de tu cuidado, más bien se trata de una invitación a observar los cambios tanto positivos como negativos que han operado en ti (derivados principalmente de tu labor de ayuda), con la finalidad de movilizar acciones preventivas para ajustar las circunstancias de tu vida personal y laboral.

Puntualizando, las tareas más importantes que debes realizar con el objetivo de crear consciencia de un cambio son las siguientes:

- Reconocerte en riesgo permanente debido a tu desempeño profesional en el área de servicio a terceros.
- Reflexionar periódicamente la respuesta a la pregunta siguiente: ¿Qué es lo que debo cambiar o ajustar a la manera en que trabajo y vivo, de tal manera que pueda mantenerme protegido?
- Tener presente que toda circunstancia que atenta contra tu bienestar puede ser modificada o alterada de alguna forma, por tanto, la diferencia la haces tú mismo, en la medida en que tengas la determinación para tomar las acciones correctivas necesarias.

Recurso 2: Detecta tus principales estresores

Una de las tareas más significativas en el proceso de mantenerse protegidos consiste en tomarse un tiempo para detectar las situaciones que nos generan malestar, preocupación, irritabilidad, desgaste, angustia y cansancio. La importancia de identificar estas circunstancias, denominadas situaciones estresantes o estresores, es que después de rastrearlas, es posible:

1. Detectar la cualidad y cantidad de las situaciones negativas que enfrentas.
2. Internalizar la importancia del esfuerzo hacia el autocuidado.
3. Encontrar alternativas para modificar las circunstancias que te generan malestar.

Tener asuntos pendientes, obligaciones sin terminar, dificultades en nuestras relaciones o con nuestro jefe son ejemplos de situaciones que pueden desgastarnos en forma insidiosa, de ahí la importancia de identificarlas para entonces proceder a eliminarlas o modificarlas. Es importante que partas de la certeza de que cualquier circunstancia negativa puede ser modificada de alguna forma.

Ejercicio 9.1
Detección de estresores principales

Realiza el siguiente ejercicio para identificar tus estresores principales.

Instrucciones:

1. Reflexiona sobre dos áreas centrales de tu vida: trabajo/vida personal, enseguida, elabora una lista de las circunstancias que te producen malestar y añade una descripción de cada una.

    Considera que en esta lista debes contemplar los estresores principales y especificar si pertenecen a tu vida personal o laboral. Trata de establecer esta división aunque parezca que se relacionan con ambos ámbitos. Puedes tomar los siguientes ejemplos como una referencia: sueldo inferior a tus necesidades, dificultades con un compañero de trabajo, fricciones constantes con tu supervisor y la falta de capacitación para desempeñar tus funciones son

ejemplos de estresores en el área laboral; mientras tanto, no contar con pareja, distanciamiento de amistades, deuda con el banco y tener la casa desordenada son ejemplos de estresores de la vida personal. Si tienes dudas, te sugiero revisar el capítulo dos acerca de estresores laborales.
2. Asigna un número a cada situación, en orden de menor a mayor de acuerdo con el grado en que te afecta (en este caso el número uno designa a la situación que **menos** te estresa y así sucesivamente).
3. Elabora una nueva lista con al menos cinco de las situaciones estresantes a las cuales desees poner remedio efectivo en el corto/mediano plazo. Considera que no tienen que ser las que más te afectan, incluso es recomendable que comiences por las que te parecen más sencillas y accesibles, pues de esta manera ganas en seguridad y motivación.
4. Explora opciones de solución a cada una de las situaciones estresantes que deseas remediar. Si partimos del supuesto de que aun ante la situación más desesperada es posible formular un plan de acción, para esta tarea te sugiero apoyarte en las siguientes recomendaciones:

- *Realiza una lluvia de ideas*, es decir, para cada situación estresante escribe todas las soluciones que se te ocurran, aunque en principio parezcan absurdas. Solo hasta que hayas escrito todas las alternativas, analiza una por una e incluso combínalas hasta encontrar la más adecuada.
- *Busca consejo y guía*, comparte tu lista y alternativas de solución, apóyate en tu cómplice, pareja, terapeuta, grupo de apoyo o persona de confianza; solicita retroalimentación y alternativas adicionales, por supuesto con actitud abierta y receptiva.

Tendrás una tabla como la siguiente:

Estresores que voy a solucionar

	Área laboral	Solución
1.		
2.		
3.		
4.		
5.		
	Área personal	Solución
1.		
2.		
3.		
4.		
5.		

5. Practica tus soluciones, materializa el ejercicio de reflexión sobre estresores al resolver en el aquí y el ahora las situaciones conflictivas. Incluso si algunas situaciones son muy complejas o requieren de tiempo o habilidades que no posees, la sugerencia es que resuelvas efectivamente las más posibles, de tal manera que puedas notar el alivio de liberar presión.

Recurso 3: Aprende a identificar tus síntomas de desgaste

La autoobservación y el autoconocimiento sientan las bases para el mejor cuidado de nuestra persona y en el contexto profesional de ayuda y servicio a terceros, la observación dirigida debe apuntar al reconocimiento y familiarización con los propios síntomas de desgaste, a aprender a identificar las señales primarias de BO/FC/TV. La manifestación de síntomas es única para cada persona, debido a ello, las sugerencias para llevar a cabo esta actividad son las siguientes:

1. Familiarízate con las manifestaciones generales de BO/FC/TV y en particular, con las señales o síntomas primarios. En los capítulos cinco y seis se ofrece una referencia detallada acerca de los signos de alarma que debes tener en mente.
2. A partir del punto anterior, compara tu estado actual con tu pauta de respuesta habitual o más común, es decir, tu personalidad. ¿Detectas cambios? Por ejemplo, ¿Sueles ser amigable y risueño, pero desde un tiempo a la fecha te comportas distante y taciturno?
3. Mide de manera sistemática tus síntomas de desgaste con el ProQOL-V. Revisa el capítulo siete, contesta el instrumento y discute tus resultados con tu cómplice.
4. Establece el hábito de exploración periódica, lo cual puedes realizar en forma organizada a través de reuniones grupales con tu grupo de apoyo, con ejercicios personales de reflexión y autoobservación, a partir de tu trabajo terapéutico y/o con la autoadministración del ProQOL-V cada seis meses.

Reflexiones del capítulo

Contesta las siguientes preguntas con un porcentaje. Explica tus respuestas y regístralas en tu bitácora. Comparte tus reflexiones con tu cómplice o grupo de apoyo:

1. ¿Qué proporción conoces de ti mismo (personalidad, mente, alma)?
2. ¿En qué proporción dominas tus reacciones, pensamientos, sentimientos y conductas?
3. ¿En qué proporción tu labor de ayuda te ha hecho cambiar, para bien o para mal?

capítulo 10
Rompe tu aislamiento

Una manera importante y accesible de cuidarnos consiste en romper el aislamiento, de hecho este es uno de los requerimientos más importantes a tener siempre en mente. Al contar con un aliado o grupo de aliados nos mantenemos protegidos en varios sentidos; en primer lugar porque permite disponer de la mirada afectuosa y objetiva de personas que pueden detectar efectos de desgaste imperceptibles para nosotros mismos; en segundo lugar porque un aliado puede brindar un espacio de escucha, de inestimable valor para tu descarga emocional; en tercer lugar, porque la compañía por sí misma resulta gratificante, el ser parte de una comunidad y conformar vínculos se contrarrestan los síntomas de BO/FC/TV.

En este capítulo se revisan los recursos 4 y 5 de la lista de chequeo para generar un plan de autocuidado, los cuales se relacionan con la elección de un cómplice, monitor o aliado, así como la exploración e identificación de las acciones protectoras que realizas actualmente. La intención es preparar las condiciones para implementar cambios efectivos.

Importancia del vínculo entre personas

El ser humano es un organismo gregario que necesita la cercanía y calidez de otras personas para su bienestar integral en todas las etapas de su existencia, y no solo para aspectos logísticos: comenzando desde su más tierna infancia es totalmente dependiente de la naturaleza del vínculo que establece con sus figuras primarias, tanto para sobrevivir, como para desarrollar una identidad, insertarse en una sociedad, ser coherente, así como para ser feliz y productivo;[1] en edades posteriores las investigaciones han demostrado que los lazos emocionales influencian en forma determinante la salud física y emocional.

De hecho, la orientación solitaria –que puede estimarse a partir del tamaño reducido de la red social, percepción subjetiva de aislamiento, poca frecuencia y profundidad de contactos interpersonales, así como la participación limitada en actividades fuera del espacio de trabajo– se ha asociado con padecimientos depresivos, ansiosos, cardiovasculares, inmunológicos, de sueño y a mortalidad temprana;[2] incluso, resulta más peligroso experimentarse en soledad que vivir realmente aislado como tal, debido a que una persona que se percibe aislada suele sentirse crónicamente amenazada y vulnerable, desconectada de otros y sin sentido de pertenencia.

Holt-Lunstad, Smith y Layton[3] realizaron un análisis de 148 investigaciones, con un total de 308,849 participantes para estudiar la relación entre la integración social, el estado de salud y la mortalidad. Encontraron que la presencia de relaciones sociales significativas incrementaba la expectativa de vida con una probabilidad de hasta 50%, independientemente de la edad, el sexo, el estatus de salud inicial y la causa de muerte; en este estudio parece clara la relación entre la experiencia de aislamiento y el riesgo de muerte prematura, así como el efecto protector de sentirse vinculado a una red social significativa.

En lo que respecta a burnout, en un estudio reciente conducido en Tel Aviv[4] se realizó un seguimiento a 670 empleados israelíes durante siete años, durante los cuales se exploró el temor a ataques terroristas, el grado de apoyo social en el trabajo, así como síntomas de burnout. Se encontró que quienes presentaban más temor eran más propensos a desarrollar el síndrome (aun en periodos sin ataques terroristas), en particular, el insomnio se ubicó como síntoma de riesgo; sin embargo, aquellos que experimentaban apoyo de sus compañeros, se mantenían más protegidos de estos efectos de desgaste.

Recurso 4: Consigue cómplices/monitores

La disposición de apoyo social en sus tres modalidades: informativo, material y emocional constituye un bastión importante para los profesionales que laboran en atención de personas con algún grado de vulnerabilidad, no solo respecto a cuestiones técnicas, sino también para observarse y cuidar mejor de sí mismos. De hecho, desde hace algunos años autoridades de la Asociación Psicológica de Norteamérica (APA) recomiendan ampliamente la creación de comunidades de competencia, cuya finalidad principal debe ser la retroalimentación constructiva y emocionalmente positiva.[5] Este recurso, busca principalmente, romper el aislamiento y a partir de ello preservar la salud física y emocional.

El procedimiento consiste en hacer público tu compromiso de esfuerzo hacia el autocuidado, con la intención de conseguir cómplices a quienes debes solicitar la realización de diferentes tareas. Idealmente debes elegir e invitar al menos a dos personas (pero incluso una persona puede ser suficiente), una de las cuales debe ser un compañero de trabajo y la otra, alguien que forma parte de tu vida personal (familiar, pareja y/o amigo). Una opción excelente consiste en la elección de uno o más compañeros de trabajo para crear un grupo de profesionales que deseen ayudarse mutua y activamente, para ello se establece el compromiso de celebrar reuniones periódicas encaminadas a preservar el bienestar.

Cuando no es posible integrar a personas del círculo cercano, la mejor alternativa es solicitar la asistencia de un profesional de la salud mental para iniciar un proceso terapéutico, en cuyo caso, el terapeuta y tu grupo (en caso de proceso grupal) deben cumplir con las tareas asignadas al cómplice.

En el cuadro 10.1 se presentan los criterios ideales que debes tomar en cuenta para implementar este recurso.

CUADRO 10.1
Consideraciones para la elección de mis cómplices

Criterios de elección
* Es una persona cercana, de tal manera que durante nuestra relación ha habido demostraciones mutuas de preocupación genuina por el bienestar del otro.
* Tengo trato cercano con él/ella, o bien, celebramos encuentros frecuentes.
* Tengo confianza absoluta en él/ella, de tal manera que puedo revelarle mis sentimientos, preocupaciones y/o dificultades sin temor al rechazo o perjuicio.
* Tiene la facultad de pedirme cuentas y ejercer presión para solicitar mayor compromiso con mi autocuidado.

* Es una persona que puede retroalimentarme objetivamente, a pesar de obtener una posible desaprobación o reacción negativa de mi parte.

Tareas básicas de mi cómplice

* Proporcionar asistencia en la formulación y reinvención de un plan de autocuidado.
* Monitorear mi estado físico/emocional.
* Proporcionar motivación y escucha.
* Estar al tanto de los esfuerzos que realizo para incrementar mi bienestar, así como de la negligencia en este sentido.
* Generar presión constructiva para fomentar el cambio.

Ejercicio 10.1
Mis cómplices/monitores

Instrucciones:

1. Elabora una lista –tan grande como sea posible– con el nombre de todos tus posibles cómplices/monitores.
2. Especifica si forman parte de tu vida personal o laboral.
3. Asigna un número a cada nombre, en orden de menor a mayor de acuerdo con el grado de idoneidad que representa la elección de la persona en cuestión (en este caso el número uno designa a la persona menos idónea de la lista y así sucesivamente). Te puedes basar en el siguiente formato:

Mis cómplices/monitores

Nombre	Vida personal	Vida laboral	Idoneidad

Después de elaborar la lista anterior, es momento de tomar acciones: medita seriamente sobre la mejor opción para romper tu aislamiento, elige e invita a tu cómplice y decide la modalidad y frecuencia de los encuentros que llevarán a cabo. Respecto a la manera en que puedes solicitar la asistencia de tu cómplice, considera el ejemplo de Karla, una enfermera que labora en el área de terapia intensiva pediátrica, quien decidió invitar a una compañera de su misma área debido a que además es su amiga; planteó su solicitud de esta manera:

"Sabes que nuestro trabajo es muy estresante y nos afecta de muchas maneras. Me gustaría que me permitieras cuidar de ti y que tu hagas lo mismo por mí. Lo más importante que te quiero pedir es lo siguiente:

- Que me des tu opinión respecto al plan de autocuidado que estoy formulando, es importante que me ayudes con ideas puesto que pretendo que sea útil y me ayude a mantenerme protegida;
- Como parte de mi plan, quiero pedirte que nos reunamos sin falta al menos una vez a la semana durante una hora, creo que es importante que hablemos mutuamente acerca de cómo nos sentimos debido al estrés del trabajo. Podemos comer juntas o tomar un café para este propósito.
- En adelante pretendo implementar algunos cambios en mi manera de vivir, te los quiero compartir y solicitar al mismo tiempo que me preguntes cada vez acerca de mi adherencia a los mismos.
- Es muy importante que seas honesta conmigo y me digas exactamente cómo me has visto durante la semana, puedo cuidarme mejor si me haces notar los aspectos negativos que me cuesta trabajo detectar; por ejemplo, si me has visto triste, distraída, enojona, ansiosa. Obviamente también me interesa saber los aspectos positivos que observas en mí.
- Como sabes, a menudo nos enfrentamos a la muerte de niños en nuestra área y aunque pretendo evadirme, aún me afecta mucho el dolor de las familias debido a la pérdida. Cuando esto ocurra, quiero pedirte que me ayudes si necesito un abrazo, consuelo o tu simple escucha".

Recurso 5: Realiza un inventario de tus acciones actuales de autocuidado

¿Qué te nutre, llena de alegría, energía, fuerza y determinación? ¿Qué induce tu descanso, recarga tu fe y esperanza, te motiva y distrae de tus estresores cotidianos? Estas preguntas surgen a partir de las siguientes premisas:

1. En nuestra vida diaria disponemos de recursos que contribuyen a generar un estado de bienestar y equilibrio, sin embargo, en muchos casos se trata de acciones tan simples, accesibles y rutinarias, que a menudo puede pasar desapercibido el profundo efecto reparador que ejercen sobre ti. Por ejemplo, puedes notar que tomar un baño en tina de hidromasaje en casa te restablece del estrés del día.
2. Como toda persona, has enfrentado crisis a lo largo de tu vida personal y laboral, de tal manera que has tomado y aprendido medidas de protección para sobreponerte a la adversidad; por ejemplo, un profesor de medio rural puede haber detectado que le es benéfico hablar con su esposa después de mantener un conflicto desgastante con un alumno problemático.

Es importante resaltar que en este programa se considera que **todas** las acciones de autocuidado son de naturaleza preventiva, puesto que el objetivo de las mismas es restablecer un estado de equilibrio a partir de crisis de diferente severidad; por lo tanto, como parte de la formulación de un plan organizado, es importante que reflexiones acerca de todas las acciones actuales que contribuyen al mantenimiento/incremento de tu salud y bienestar, así como aquellas que te ayudan a sobreponerte a situaciones difíciles.

En el ejercicio siguiente, hay que hacer un recuento de estos recursos, puesto que puede tratarse de acciones a las cuales te has habituado, de manera que te son familiares hasta el punto de sentirte cómodo con las mismas, adicionalmente, como una forma de determinar tu estado actual de protección, resulta muy útil ponderar la efectividad de estas actividades.

Ejercicio 10.2
Mis acciones actuales de autocuidado

Instrucciones. Con el propósito de explorar y detectar tus acciones de autocuidado, abajo se presenta una lista con ejemplos de acciones que generan bienestar; en primer lugar, en la columna izquierda marca con X todas aquellas que implementas en la actualidad; en segundo lugar, elabora abajo una lista adicional con las que utilizas pero que no aparecen en la lista; en tercer lugar, en la columna de la extrema derecha indica en una escala de 0 a 10 en qué grado son eficientes, es decir en qué grado te producen bienestar y restablecimiento positivo.

Presente/ausente	Recurso	Efectividad 0-10
	Realizo ejercicio en forma rutinaria	
	Cuido que mi alimentación sea sana y balanceada	
	Me realizo chequeos médicos periódicos	
	Practico una técnica de relajación	
	Acudo a terapia psicológica	
	Cuento con personas cercanas que me escuchan y guían	
	Me reúno con amigos para divertirme	
	Tengo hobbies que practico regularmente	
	Tengo creencias religiosas que sustentan mi actividad	
	Cuento con un espacio en la casa/oficina donde me siento feliz	
Recursos adicionales (añade aquellos no incluidos en la lista de arriba)		**Efectividad 0-10**

¿Redescubriste alguna acción o hábito que realizas en la actualidad y que te ayuda a mantener un estado óptimo de equilibrio? O bien ¿existen cosas que deseas hacer más a menudo debido al efecto positivo que ejercen sobre tu persona? Este ejercicio te ayuda a detectar maneras simples y accesibles de cuidar mejor de ti mismo; decide llevarlas a cabo sistemáticamente, también valora si es necesario realizarlas de una mejor manera; por ejemplo, si notas que te carga de energía positiva celebrar encuentros con tus amistades, puedes considerar organizar reuniones más frecuentes; o bien, si tomar un baño en tina realmente te relaja, puedes contemplar adquirir aditamentos adicionales para potenciar la experiencia.

Reflexiones del capítulo

Existen recomendaciones fundamentadas en resultados de investigación, las cuales apuntan a generar una red social nutricia y en última instancia, a romper el aislamiento. Con esta intención en mente, reflexiona sobre los siguientes cuestionamientos:

1. ¿Eres una persona abierta?

Aron y colaboradores[6] encontraron que una manera rápida de iniciar una relación cercana, satisfactoria y duradera consiste en compartir con otra persona(s) algo de nuestra intimidad.

2. ¿Te percibes como una persona solitaria?

En un análisis sistemático de // investigaciones internacionales que estudiaron los procedimientos para reducir la soledad o aislamiento, se encontró que la manera más eficiente de crear redes significativas consiste en modificar la percepción subjetiva, es decir, la manera negativa en que las personas se miran a sí mismas, lo cual fue más importante que entrenar habilidades sociales, mejorar el apoyo social o incrementar las oportunidades de contacto social.[7] En este sentido, puedes desarrollar hábitos sencillos que pueden ayudarte a lograr un cambio hacia una mentalidad más positiva y a aislarte menos, por ejemplo: al hacer conscientes tus pensamientos negativos y aprender a ponerlos en perspectiva, es decir, evitar considerarlos verdades absolutas; al compartir una parte positiva de tu día con alguien más; al aceptar las invitaciones para socializar con personas que tratas cotidianamente pero que aún no conoces muy bien, y al dirigirte frases positivas a lo largo del día.

3. ¿Tus relaciones personales son virtuales?

Se ha demostrado que el uso de redes sociales es un recurso útil que permite a muchas personas mantener contacto con su núcleo cercano, sin embargo el criterio de su utilidad frente al aislamiento es este: antes y durante la relación virtual debería cultivarse una relación genuina, es decir, en presencia física, de lo contrario, cuando la relación es exclusivamente virtual ("conoces y tratas" a las personas solo a través de la red), el contacto se convierte en un paliativo que intensifica el aislamiento, con lo cual se puede generar en forma paradójica un uso excesivo de estas redes y agravar de esta manera las dificultades para socializar de manera efectiva.

capítulo 11
Establece un balance trabajo/vida personal

La actividad de asistencia y atención a otros es un trabajo que requiere de un perfil de personalidad muy particular, que demanda disponer de recursos que a menudo no se enseñan ni se aprenden en cursos especializados y que por supuesto, no puede ser realizado eficientemente por cualquier persona. Inteligencia emocional, empatía, sensibilidad, habilidades sociales, compromiso y especialmente vocación de servicio son algunas de las características que distinguen a un buen profesional del área, sin embargo, estas fortalezas pueden convertirse en una limitación cuando no se dosifican en forma adecuada, cuando la mayor parte de la energía individual disponible se invierte en solucionar los problemas de otros, a expensas de descuidar las diferentes áreas de nuestra vida personal.

Establecer un balance entre la vida laboral y la personal es una de las estrategias fundamentales para el autocuidado,[1,2] por lo que en este capítulo se desarrolla el tema con ejercicios que facilitan la implementación de este balance, al tiempo que te invitan a observar detenida y permanentemente acerca del tiempo y energía que destinas a ambas esferas: ¿La mayor parte de tus recursos los inviertes en las necesidades de otras personas? ¿Tu trabajo se ha vuelto tu vida? ¿Cuáles son tus prioridades y lo que realmente quieres para ti? ¿Consideras que tu vida tiene un balance adecuado?

Importancia de cultivar una vida personal satisfactoria

En uno de los talleres sobre autocuidado que impartí en la Ciudad de México, la directora de CAHOVA, Casa Hogar para Varones se acercó para compartirme su interés en el tema, además de su opinión: "No es tan complicado cuidarse, para mantenerse protegido haciendo este trabajo solo es necesario tener una vida". Esta afirmación transmite una gran verdad, incluso de sentido común; pero entonces, ¿por qué es tan complicado llevarla a la práctica? Los siguientes son argumentos que pueden ayudar a responder esta pregunta:

- Un profesional puede pensar que su misión es ayudar a otros, por lo que suele considerar a su actividad laboral como tarea de vida, de tal manera que no establece una clara división entre su tiempo de trabajo y el que no lo es.
- Ayudar a otros es una actividad que nunca termina, por lo que el trabajo puede consumir tiempo y energía que ya no se destina para actividades personales.
- El alto compromiso e involucramiento que suele acompañar a la actividad puede generar culpa y otras emociones negativas que dificultan disfrutar la vida y tiempo no laborales.
- Un número considerable de profesionales dedicados al cuidado de personas vulnerables suele ser sobreviviente de experiencias traumáticas, pero contradictoriamente, también una buena porción de los mismos no busca procesar apropiadamente esas vivencias a través de un trabajo psicoterapéutico, situación que a su vez, genera vulnerabilidad.

A partir de estos elementos, se formula el siguiente principio de autocuidado:

> Cuando cultivas una vida personal satisfactoria te mantienes más protegido, disponible y pleno tanto para tus usuarios como para las personas que amas.

¿Por qué?

- Disposición de energía. La labor de asistencia es física y emocionalmente demandante; disfrutar de tiempo de calidad en actividades no laborales revitaliza en todos sentidos, por lo tanto,

si permites vaciarte por completo de energía física y emocional, sin disponer del espacio, actividades, recursos, ocupaciones necesarias para recargarte, después del trabajo ¿cuánta energía resta para ti? Si te sientes permanentemente agotado puedes empezar a desatender asuntos personales, cancelando cotidianamente citas importantes con amigos, con tu médico, con tus hijos, tu pareja, personas de tu círculo cercano. Esto tarde o temprano generará consecuencias negativas.
- Vivir la propia vida. Vivir para otros, pero no para ti puede tener profundos efectos negativos en tu persona, especialmente cuando tu actividad cotidiana te enfrenta con historias de dolor y desesperanza, con personas que experimentan crisis crónicas y agudas, no solo es posible que te embargues empáticamente de dolor ajeno, sino que tu bienestar profesional y personal se relacione directamente con el bienestar de tus usuarios: ¿A menudo te sientes dominado por la preocupación, angustia o culpa debido a la lenta mejora de uno o varios de tus usuarios? O bien ¿tienes ilusiones, sueños, esperanzas, hobbies personales que cultivas activamente? Es decir ¿vives tu propia vida y no a través de aquellos a quienes ayudas?
- Claridad de límites. Cuando existe el esfuerzo, disposición y compromiso para conseguir metas, objetivos y planes de vida, se actualiza el hecho de que la labor de asistencia es antes que nada un trabajo, tan particular que demanda ciertas obligaciones, entre otras: evitar tener un contacto personal no profesional con quienes servimos. Cuando se carece de este sustento, es más factible cometer errores graves como ser excesivamente permisivo o punitivo con cierto perfil de usuario, perder objetividad, o peor aún, vincularse románticamente.
- Vitalidad. Una persona que es feliz en su vida hará un mejor trabajo como asistente de terceros, puesto que su motivación, energía, esperanza, optimismo, satisfacción de vida y ánimo positivo son reparadores por sí mismos, a lo cual se añade la importancia de predicar con el ejemplo: mostrar a quienes se asiste la importancia de cuidar de uno mismo, lo cual genera un círculo virtuoso constructivo en todos sentidos.
- Resistencia. Cuando el profesional cultiva diferentes áreas de su vida es mucho más resistente a las adversidades que enfrenta

en uno u otro ámbito de su existencia. Por ejemplo, las amistades, la familia o incluso el propio trabajo pueden ayudar a enfrentar una crisis de pareja. Por el contrario, una persona cuya prioridad es exclusivamente el trabajo, queda más desprotegida al enfrentar crisis inesperadas, tales como la pérdida del empleo, de un ser querido o dificultades de difícil solución de cualquier índole.

Recurso 6: Planeación de la separación trabajo/vida personal

Para cambiar la forma en que se vive, primero es importante mirarse a uno mismo con objetividad; el proceso de autocuidado comienza cuando te tomas un tiempo para ti, cuando consideras que mereces sentirte mejor, cuando te das la oportunidad de cambiar el foco de tu atención e interés del bienestar de los otros hacia el bienestar propio, comprendiendo que cuidar de ti es tan importante como cuidar de tus usuarios y que el autocuidado te convierte en alguien más responsable y pleno en tu vida laboral y personal. Ahora bien, la planificación de una clara delimitación y balance entre tu actividad laboral y tu vida personal se puede estructurar a partir de tareas, las cuales se presentan a continuación:

Ejercicio 11.1
Reflexiona

Con la intención de invitarte a dirigir una mirada atenta a la manera en que trabajas y vives, reflexiona sobre los cuestionamientos y anota las respuestas en tu bitácora personal.

Cuestionamientos de reflexión:

1. ¿Cómo consideras que es tu desempeño como: trabajador, familiar (pareja, padre, hijo, hermano, etc.) y como amigo?
2. ¿Cómo crees que te perciben en realidad las personas más significativas de tu vida –padres, hijos, pareja, amigos–? ¡Pregúntales!
3. ¿En el trabajo te sientes valorado y apreciado tanto como en tu casa?
4. ¿Cuántas horas del día le dedicas a tu trabajo? Considera también el trabajo que llevas a casa.
5. ¿Cuántas horas del día le dedicas a tu familia y amigos?

6. ¿Cuántas horas te dedicas a ti mismo? ¿Con qué frecuencia realizas actividades placenteras, recreativas y disfrutables?
7. ¿Cuidas de tu propia salud tanto como la de tus usuarios?
8. ¿Descansas lo suficiente? ¿Por qué?
9. ¿Existe una clara delimitación de tu espacio y tiempo laboral respecto al espacio y tiempo personales? ¿Por qué?
10. Si tuvieras todo el tiempo disponible para ti ¿En qué lo ocuparías?

¿Trabajar para vivir o vivir para trabajar? ¿Cuáles son realmente tus prioridades? Con la intención de identificar a qué le dedicas más tiempo y energía, considera el siguiente principio de autocuidado:

Cuando atiendes en forma equitativa a las diferentes áreas que conforman tu vida, creas un balance que potencia tu experiencia de bienestar general, hecho que se refleja invariablemente en un mejor desempeño profesional.

Existen diferentes áreas en que puede dividirse la vida personal, en el siguiente cuadro se formula una propuesta cuyo propósito es esencialmente ilustrativo.

CUADRO 11.1

Las diferentes áreas de una vida plena y balanceada

ÁREA	RUBROS
Cuidado físico	Actividad física, cuidado de la alimentación, chequeos médicos regulares, descanso (incluye dormir), etcétera.
Cuidado emocional (psicológico)	Actividades que generan bienestar, equilibrio emocional y mental; por ejemplo: terapia psicológica, práctica de técnicas psicológicas, descarga afectiva con amistades, lectura, etcétera.
Social/interpersonal	Cultivar amistades, relaciones amorosas, relaciones con colegas, etcétera.
Familiar	Cultivar relaciones positivas con los miembros de la familia, resolución de conflictos familiares, tareas domésticas, comprar la despensa, etcétera.

Espiritual	Práctica de rituales religiosos, cultivar creencias, etcétera.
Laboral	Toda actividad remunerada y/o cuyo fin apunta al desarrollo profesional. Incluye: estudio, preparación de trabajo, planeación, juntas, etcétera.
Ocio y diversión	Actividades que generan placer y distracción de las ocupaciones cotidianas, por ejemplo, cultivar hobbies, navegar por internet, etcétera.

Ejercicio 11.2
Identifica tus prioridades reales

Basándote en el cuadro 11.1 Identifica hacia dónde diriges predominantemente tu tiempo y energía y también qué áreas estás descuidando, para ello realiza los pasos siguientes:

Instrucciones:

1. Especifica todas las actividades que realizas de acuerdo con el área correspondiente.
2. Estima el tiempo en horas que destinas por día a cada una de las áreas vitales, para ello considera una semana rutinaria que incluya el fin de semana
3. Realiza una sumatoria semanal de las horas que destinas a cada área;
4. Realiza las estimaciones y sumatorias a partir de la siguiente tabla —cópiala en tu bitácora.

Área/actividades	lun.	mar.	mié.	jue.	vie.	sáb.	dom.	Sumatoria
Cuidado físico								
Cuidado emocional								
Social-interpersonal								
Familiar								
Espiritual								
Laboral								
Ocio y diversión								
Sueño								
TOTAL	24 h	24 h	24 h	24 h	24 h	24 h	24 h	168 h

Acotaciones importantes:

- A pesar de que se trata de una formulación hipotética, es muy importante que seas específico respecto a tareas o actividades por área; por ejemplo, puedes dividir el cuidado físico en diferentes acciones y estimar el tiempo que utilizas para ir al gimnasio, pasear en bicicleta y alimentarte, mientras que en el área laboral puedes especificar el tiempo que utilizas para trasladarte, preparar proyectos en casa, viajar, etcétera.
- Con el propósito de tener claridad, considera que al especificar una actividad para un área determinada, excluyes la posibilidad de incluirla en otra, entonces, para este ejercicio se requiere que medites tu decisión; por ejemplo, dar un paseo caminando puede ser una actividad física, sin embargo, si decides que en realidad la practicas debido a su efecto relajante, puedes adscribirla como parte de tu cuidado emocional.
- Considera que se trata de estimaciones de tiempo con un fuerte matiz subjetivo, lo importante es que realices la asignación de acuerdo con tu apreciación; no obstante, es imprescindible la honestidad contigo mismo, de tal manera que puedas realizar estimaciones realistas y de ser necesario, las consultes con un colega o tu familia.
- Para este ejercicio el acto de dormir se contempla aparte como actividad exclusivamente de sueño, puesto que si bien se considera un componente del cuidado físico, posee una importancia trascendental para el autocuidado, hecho que se refleja en que todas las personas invertimos en ello una gran cantidad de tiempo a lo largo de nuestra vida.
- Para realizar las sumatorias, considera las actividades diarias que realizas en un día con un ajuste de 24 horas (contempla la noche) y una semana de 7 días (168 horas).

Ejercicio 11.3
Elabora la gráfica de tus prioridades reales

Con la finalidad de aportar claridad visual a la información obtenida, elabora una gráfica con la sumatoria de horas por semana dedicadas a cada área, es decir, con los datos de la columna de la extrema derecha de la tabla 11.1. Puedes realizar la gráfica con lápiz y papel, a partir de una estimación, también puedes realizarla con el software de Microsoft Excel. A continuación, se presenta un ejemplo hipotético del ejercicio, para lo cual se inicia con el cálculo de los tiempos en una tabla igual a la 11.1 y se concluye con la elaboración de la gráfica.

Ejemplo de cálculo del tiempo

Jorge es un trabajador social que labora en una casa hogar desde hace 15 años, actualmente no requiere trasladarse a su oficina, puesto que su institución le permite laborar esencialmente desde casa. Jorge realizó la siguiente especificación de actividades por área:

Cuidado físico: aseo corporal, alimentación, descanso, actividad física.
Cuidado emocional: lectura de libros gratificantes e inspiradores, caminar a solas por el parque.
Social-interpersonal: charlar con amistades, interacción con personas que no son familiares.
Familiar: interacción con mi familia (esposa e hijos), tareas domésticas, compra de la despensa, visitar a mis padres.
Espiritual: rezar, caminar por el bosque, meditar.
Laboral: investigación documental, planeación estratégica, revisar y contestar correos, llamadas telefónicas, juntas, clases de inglés, entrevistas con usuarios.
Ocio y diversión: acostarse sin hacer nada, leer, jugar videojuegos, navegar por internet, ver televisión.

De acuerdo con estas especificaciones, Jorge realizó las siguientes estimaciones para una semana rutinaria de trabajo:

Tabla 11.2 Estimación de horas por día

Área/actividades	lun.	mar.	mié.	jue.	vie.	sáb..	dom.	Sumatoria
Cuidado físico	2	2	2	2	2	2	3	15
Cuidado emocional	1	1	1	0	1	1	2	7

Social-interpersonal	0	0	0	1	0	1	0	2
Familiar	4	4	4	4	4	6	8	34
Espiritual	0	0	0	0	0	1	1	2
Laboral	10	10	10	10	10	5	0	55
Ocio y diversión	1	1	1	1	1	2	3	10
Sueño	6	6	6	6	6	6	7	43
TOTAL	24 h	24 h	24 h	24 h	24 h	24 h	24 h	168 h

De acuerdo con las sumatorias de horas por semana, ubicadas en la columna del extremo derecho de la tabla 11.2, la gráfica de las prioridades de Jorge se observa de la siguiente manera:

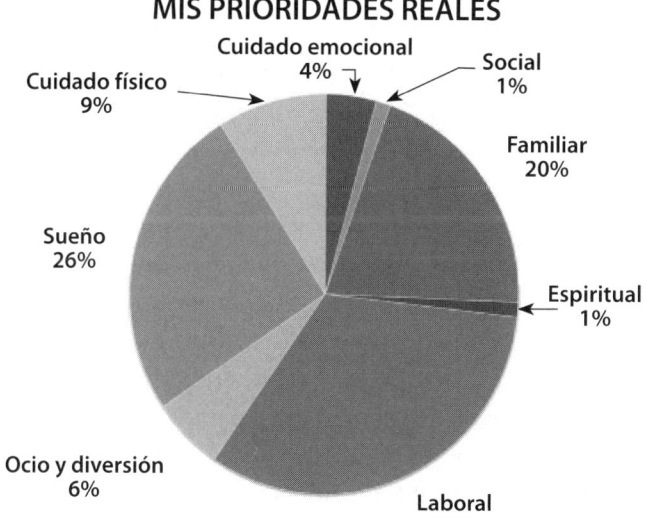

MIS PRIORIDADES REALES
- Cuidado emocional 4%
- Social 1%
- Cuidado físico 9%
- Familiar 20%
- Sueño 26%
- Espiritual 1%
- Ocio y diversión 6%
- Laboral 33%

En el ejemplo hipotético de Jorge, es claro que su máxima prioridad es el área laboral, seguida del área familiar, mientras que las áreas social/interpersonal, del cuidado emocional y la espiritualidad se observan francamente disminuidas.

Nota importante: no existe un estándar único para fijar el ideal de tiempo y energía que debes destinar a cada actividad/área, sin embargo, puedes considerar los siguientes criterios para guiar tu reflexión e interpretación de resultados:

1. Se recomienda que un adulto promedio duerma 8 horas diarias, no obstante, dadas las diferentes necesidades de cada persona, se puede contemplar un mínimo de 6 horas por día; de esta manera, tenemos un intervalo aceptable donde el límite inferior de horas de sueño por semana es de 42 horas, mientras que el máximo es de 56 horas. Toma en cuenta que el tiempo que no duermes es imposible de recuperar, además, que si estás durmiendo más o menos tiempo del especificado en este intervalo, es posible que se deba a dificultades de índole emocional (estrés y/o depresión).
2. Un punto clave para detectar/confirmar un desbalance entre las diferentes áreas vitales a partir de este ejercicio es la presencia de síntomas, malestares o disfunciones. Por ejemplo, si detectas que desatiendes seriamente tanto el área de relaciones interpersonales como la del cuidado emocional, puede hacerse evidente por qué padeces depresión.

Nuestras prioridades de vida no necesariamente se reflejan en la manera en que vivimos (nuestras prioridades reales); por ejemplo, una joven profesionista puede afirmar que su familia, especialmente sus dos hijos son su prioridad, sin embargo, si dedica 12 horas diarias a su trabajo y 8 para dormir, solo le restan 4 horas para distribuir entre las áreas restantes (por ejemplo, diversión, tiempo en pareja, cuidado físico, etc.). En este ejemplo, la prioridad real de esta persona parece ser su actividad profesional, lo cual puede generar un desequilibrio a partir de las áreas menos atendidas. De esta manera, al identificar el tiempo asignado a las tareas cotidianas, es posible identificar nuestras prioridades reales y a partir de ello, balancear nuestra actividad de tal manera que refleje la manera en que queremos vivir.

Ejercicio 11.4
Identifica tus prioridades vitales

La siguiente actividad consiste en realizar un análisis para determinar a qué áreas les estás dedicando mayor tiempo y energía y cuáles estás descuidando, la intención es guiar una reflexión detenida de tus resultados y apuntar a crear un mayor equilibrio, bienestar y plenitud en la forma en que vives. Con este propósito en mente, contesta las siguientes preguntas, explica tus respuestas y anota tus reflexiones en tu bitácora.

1. ¿Consideras estar viviendo una vida balanceada?
2. ¿A qué áreas dedicas más tiempo y energía y a cuáles menos?
3. ¿Cuál es tu máxima prioridad? ¿Qué o quién es lo más importante para ti en este momento de tu vida?
4. ¿Tus resultados son congruentes con lo que consideras tus prioridades?
5. ¿Tus resultados se reflejan claramente en tu calidad de vida?
6. ¿A qué áreas te gustaría invertir más tiempo y energía?
7. ¿Qué áreas requieren de mayor atención en forma urgente?
8. ¿A qué áreas deberías asignar menos tiempo y energía?
9. ¿Consideras importante equilibrar las áreas menos atendidas?
10. ¿Hay alguna actividad, plan o deseo secreto al que te gustaría dedicar más tiempo? ¿Cuál es?

En la sección siguiente se revisan procedimientos, estrategias y sugerencias para realizar las modificaciones y ajustes correspondientes, ya sea que experimentes un desajuste relacionado con el tiempo asignado al trabajo o entre las diversas áreas de tu vida personal.

Recurso 7: Implementa estrategias para establecer un balance trabajo/vida personal

Diferenciar entre vida personal y vida laboral. La gran mayoría de nosotros trabajamos para vivir, es decir para obtener lo necesario para el sustento, por lo que es claro que la vida personal es distinta al tiempo que se dedica al trabajo, esta simple verdad es bien conocida, pero puede olvidarse fácilmente en la práctica, especialmente en las actividades de servicio a otras personas. Los profesionales comprometidos y con mayor vocación pueden tomarse su trabajo tan seriamente que convierten a su labor en su máxima o única prioridad; con esto no pretendo decir que es erróneo tener vocación, tomarse el trabajo en serio o brindar toda la energía para ayudar a otros, más bien, que la misma vocación, seriedad y energía debería emplearse para cultivar la vida personal.

A partir de los argumentos anteriores, se proponen los siguientes principios de autocuidado respecto a la naturaleza del trabajo asistencial.

Principios de autocuidado respecto a la labor asistencial y de servicio

> 1. La labor de asistencia consiste en la realización de un trabajo, por tanto, esta actividad no representa el total de nuestra vida.
> 2. Al realizar este trabajo nos hacemos acreedores a un pago.
> 3. Nuestra actividad profesional debe ser solo un medio para realizar nuestra vida personal.
> 4. Realizamos una función laboral que puede ser cubierta por otra persona, en este sentido nadie es indispensable.
> 5. Podemos y debemos descansar nuestro cuerpo y mente del trabajo.

Bajo estos preceptos, queda claro que el dinero ganado con nuestra actividad soporta el hecho de que realizamos un trabajo, por tanto, nuestra labor es solo un medio para obtener un fin: una vida disfrutable y plena, a la cual tenemos derecho; resulta saludable (personal y profesionalmente) poner distancia respecto a nuestra labor, con el entendido de que el descanso es necesario y de que nuestras tareas pueden ser realizadas por otras personas.

El siguiente ejercicio tiene la intención de clarificar todas las actividades de orden laboral que realizas, es decir, aquellas remuneradas y que apuntan a mejorar tu posición profesional y/o económica, con ello se pretende que explores la extensión del tiempo y energía que destinas al trabajo.

Ejercicio 11.5
Mis actividades laborales

Instrucciones: Elabora una lista con todas las actividades (conductuales y *mentales*) que consideras parte de tu trabajo o que tienen un vínculo directo con el mismo, para ello realiza una revisión exhaustiva para especificar tantas tareas como puedas. Incluye tiempos de traslado, juntas, comidas de negocios, atención directa a usuarios, investigación por internet, planeación estratégica, llamadas telefónicas, conversaciones en línea, cursos y capacitaciones, reflexión para resolver problemas, etcétera.

Mis actividades laborales (lista exhaustiva)		

Después de concluir la lista, anota reflexiones en tu bitácora, por ejemplo, respecto a la cantidad y cualidad de actividades laborales que realizas cotidianamente, la interferencia del trabajo en forma de actividad mental mientras dedicas tiempo a tu familia y amigos, etcétera.

Puntualizando, es factible encontrar muchas dificultades al momento de intentar materializar estos principios en acciones concretas, dado que pueden surgir argumentos en contra, además de limitaciones impuestas por condiciones de trabajo complicadas; sin embargo, la propuesta en este sentido es la siguiente:

Puesto que la manera en que vivimos es nuestra responsabilidad, corresponde a nosotros mismos hacer real la diferencia entre la esfera personal y laboral y ser congruentes actuando en consecuencia.

Priorizar la vida personal

Nuestra persona es la medida de todas las cosas, por tanto, el bienestar que brindamos a nosotros mismos determina la manera en que nos desempeñamos en todas las áreas de nuestra existencia; desde esta perspectiva, al dar prioridad a nuestro autocuidado, específicamente respecto a las áreas no laborales, favorecemos las condiciones para crear una buena calidad de vida, equilibrada, saludable y plena. Este argumento parte de los siguientes principios:

1. El profesional es una persona capaz, inteligente, madura y responsable.
2. Priorizar la vida personal no significa descuidar o ser negligente con las obligaciones laborales.

Se apunta entonces hacia una congruencia y equilibrio respecto a la manera en que se vive: ¿Cómo cuidar y enseñar a cuidarse a otros si no es al predicar con el ejemplo? Desde esta perspectiva, el cuidado que el trabajador se brinda redunda en el mejor cuidado de las personas que le rodean, es decir, que al practicar un tipo de egoísmo constructivo, paradójicamente se está siendo responsable; desde esta óptica, el profesional que se nutre con experiencias positivas, descanso, buena alimentación, nutrimentos emocionales, intelectuales y espirituales, se encuentra en mejores condiciones de brindarlos a quienes asiste, sin agotarse ni desgastarse irreversiblemente.

¿Cómo transmitir esta orientación de egoísmo constructivo a la práctica cotidiana?

La propuesta es: al asumir como máxima prioridad el bienestar personal y aprender a tomar decisiones basadas en esta premisa, lo cual implica la práctica continua de algunas habilidades y hábitos, tales como:

Habilidades y hábitos para priorizar la vida personal

Aprende a negociar y a negarte. En el trabajo podemos vernos enfrentados a condiciones laborales que no reflejan nuestras prioridades de vida, situaciones donde se nos pide realizar algo con lo que no estamos de acuerdo o ser exigidos para disponer de tiempo y energía en detrimento de nuestro bienestar personal; por ejemplo, aceptar horarios o realizar viajes que limitan tiempo para nuestra familia, resolver problemas emergentes en la institución a costa de cancelar compromisos personales, aplazar la hora de comida, laborar en una zona de la ciudad que nos exige más tiempo y esfuerzo de traslado, trabajar en zonas de alto riesgo, etcétera.

En todos estos casos la propuesta de solución es utilizar habilidades de negociación privilegiando la vida personal; no se trata de responder con un no rotundo, sino de proponer soluciones alternativas, ofrecer algo a cambio, solicitar ajustes, además de explicar detalladamente las razones de la decisión. Considera que el recurso de negociación cobra verdadero sentido cuando tus argumentos son racionales y justos, más aun cuando demuestras con tu propio desempeño que tu negativa está bien fundamentada y que en modo alguno representa una actitud negligente. Para poder utilizar este recurso es importante construirte un prestigio como trabajador honesto, comprometido, responsable y valioso para tu institución, de lo contrario tus esfuerzos de negociación pueden verse seriamente limitados.

Realiza un ritual de separación trabajo/casa. Para muchas personas es posible que exista una clara transición entre el tiempo asignado al trabajo y el que se dedica a la vida personal, por ejemplo, dicha transición se materializa con el abandono de las instalaciones de trabajo, o bien, cuando el reloj marca la hora de salida, de tal manera que la mente puede programarse para atender los asuntos personales. Sin embargo, para otras personas la línea es poco clara debido a políticas laborales de disponibilidad ilimitada, cargas de trabajo excesivas y a una alta motivación del trabajador para ser competitivo y eficaz.

No obstante, la importancia de delimitar con claridad el espacio y tiempo entre vida personal y laboral es que contrarresta el agotamiento, previene el surgimiento de burnout y favorece que dispongas de energía y motivación para ambas esferas. Esta diferenciación no depende solo del espacio físico, se actualiza al hacerla consciente y actuar en consecuencia: cuando deliberadamente dejas de hacer cosas relacionadas con tu trabajo y dejas de pensar en los problemas que debes resolver ahí. Puedes usar diferentes estrategias para hacer evidente esta transición, por ejemplo:

- Realizar un planteamiento mental breve, tal como: "Por hoy, he concluido mi jornada de trabajo", "Hoy llego hasta aquí, mañana continúo con el resto", "Es todo por hoy, el resto del día es para mi familia", lo cual debe ir acompañado de un firme y continuo propósito de suspender toda actividad laboral.
- Realizar un pequeño ritual, un acto que se realiza cotidianamente hasta volverlo un hábito, el cual debe ayudarte a asentar que por el resto del día/noche y por tu bien, te prohíbes realizar más actividades relacionadas con tu trabajo; puede ser algo tan simple como cambiar tu ropa de trabajo por otra más cómoda para casa, saludar a tu pareja-familia e iniciar una conversación sobre lo ocurrido en el día, salir a divertirte con tu grupo de amigos, prender el televisor, entre otras.

Evita llevar trabajo a casa. La importancia de este hábito es evidente y clara, pero requiere tanto de un propósito firme como de una estrategia bien planificada. Por ejemplo, es posible que la dinámica del trabajo te conduzca a la extensión de horas laborables a tu espacio personal, no obstante, es posible también que te hayas adaptado a esta dinámica, la aceptes y contribuyas a que se mantenga. En este sentido, es importante que reflexiones unos momentos sobre esta situación. ¿Realizas trabajo en casa? Si es así ¿Cuántos días de la semana ocurre esto? ¿Cuántas horas de tu tiempo personal ocupas en realizar actividades de tu trabajo? ¿Qué factores contribuyen a que ocurra esto? ¿Es posible cambiar esta situación?

Un cambio en este sentido puede requerir:

- Generar un propósito y compromiso sólidos de cambio.
- Revisar tu agenda de trabajo y realizar cambios sistemáticos a la manera en que ocupas tu tiempo.
- Negociar con tu jefe o supervisor para explicar la importancia de esta modificación y solicitar su apoyo.

Asigna tiempo para descansar y divertirte. Disfrutar de un tiempo de esparcimiento al realizar actividades placenteras facilita la desconexión de nuestra actividad laboral y promueve el descanso físico y mental, por tanto, en la planificación de tu agenda debe estar incluido el tiempo dedicado a actividades lúdicas, divertidas y gratificantes. Esto no se concibe como una opción, más bien se contempla como una responsabilidad con nosotros mismos, nuestros usuarios, compañeros de trabajo y familiares.

Con la intención de favorecer la reorganización de tu agenda con inclusión de tiempo para estas actividades, contesta las siguientes preguntas y anota tus respuestas en tu bitácora:

- ¿Cuál es tu pasatiempo favorito?
- ¿En qué te gusta ocupar más el tiempo cuando lo dispones solo para ti?
- ¿Cuánto tiempo dedicas en la actualidad a actividades recreativas?
- ¿Cuánto tiempo te gustaría dedicar en realidad a estas actividades?

Ejercicio 11.5
Agenda tiempo para divertirte

Ahora es momento de planear y reorganizar, toma tu agenda y contempla un periodo de prueba de tres meses (próximas doce semanas), donde debes reservar tiempo específico para incluir actividades que te generan placer, diversión, alegría y distracción personal. Las siguientes son recomendaciones para hacer efectivo el ejercicio:

1. Trata esta reserva de tiempo como una cita, con el mismo respeto y consideración.
2. Realiza las actividades planeadas: **¡Diviértete!**
3. Si ya realizas actividades lúdicas, esfuérzate para incluir algunas más, expande tu abanico de posibilidades y asígnales tiempo.
4. Al finalizar el periodo de prueba evalúa los efectos de este ejercicio sobre tu persona; considera extender el plazo para después adquirir el hábito de forma permanente.

Planifica tu vida personal

Esta habilidad/hábito apunta a materializar un balance adecuado entre las esferas laboral y personal, por tanto, después de haber identificado y diferenciado tus prioridades reales y vitales, es importante definir respecto a tu vida personal:

- ¿Qué deseas lograr en el mediano y largo plazo?
- ¿A quiénes deseas incluir en tu plan de vida?
- ¿Cómo vas a lograr estos propósitos?

A partir de esta definición es posible realizar los ajustes correspondientes, de tal manera que tu agenda refleje tus prioridades vitales y te ayude a conseguir las metas que te propones: siendo congruente con tu plan de vida y honrando a aquello y aquellos que son más importantes para ti. Puedes realizar un ejercicio de ajuste previo en función de las siguientes consideraciones:

1. Pon en primer lugar a tus prioridades vitales, para ello puedes guiarte con formulaciones sencillas a partir de tus propias palabras; por ejemplo si tu relación con la divinidad es muy importante en tu vida, puedes expresarlo así: "Deseo estar vinculado positivamente con Dios y obtener de estar manera mi paz espiritual", entonces, puedes asignar más tiempo para cultivar esta área a través de diferentes actividades.
2. Asigna tiempo suficiente a las áreas menos atendidas, es decir, realiza cambios hipotéticos con la finalidad de distribuir tu tiempo de manera más equilibrada.
3. Considera las actividades mentales, es decir, contempla asignar tiempo de calidad a tus actividades personales; por ejemplo, si acostumbras trabajar mientras cuidas de tus hijos o convives con tu pareja, puedes hacer un ajuste para estar 100% disponible durante este tiempo.
4. Planifica, no es necesario que realices aun cambios definitivos, considera que este es solo un ejercicio que te ayudará a decidir los ajustes necesarios cuando formules por escrito tu plan de autocuidado.

A continuación se presenta un ejemplo de ajuste de prioridades, revísalo detenidamente a fin de que puedas realizar tu propio ejercicio de ajuste.

Ejemplo de ajuste de prioridades

Jorge, el trabajador social del ejemplo anterior encontró un desajuste en algunas de las áreas de su vida, específicamente en las áreas social, espiritual y de cuidado emocional, por lo que decidió realizar algunos ajustes de acuerdo con sus prioridades vitales. En primer lugar, definió de esta manera su plan de vida:

"Mi prioridad son mis hijos y mi esposa, quiero que experimenten lo mucho que los amo, respeto y cuido, para ello considero importante invertirles tiempo de calidad, con toda la disposición y energía mental, corporal y espiritual; también por esta misma razón considero que mi cuidado físico y emocional es indispensable. Ahora bien, también deseo incluir en mi plan de vida a Dios y a mis amigos, pues creo importante fortalecer lazos que mantengan protegida a mi familia".

A partir de estas consideraciones, Jorge realizó los siguientes ajustes:

1. Respecto a cuidado emocional, decidió dedicar más tiempo a la lectura e iniciar un proceso terapéutico, así como ampliar el tiempo dedicado a sus caminatas en solitario.
2. Respecto al área social, decidió tener mayor contacto con sus amistades y tomar la iniciativa para convocar reuniones, además de reiniciar el contacto por vía de redes sociales y el teléfono.
3. Respecto al área espiritual, definió que la vía principal para vincularse con Dios es a través del servicio a otros, por ello decidió dedicar un día del mes para visitar a un niño huérfano a través de un apadrinamiento institucional estructurado. También encontró que dedicar tiempo a cuidar de su jardín y entrar en mayor contacto con áreas naturales le proporcionaba alimento espiritual, por lo que decidió reservar tiempo específico para estas actividades.

Reflexiones del capítulo

Después de revisar el material precedente y evaluar tus condiciones de vida actuales…

- ¿En qué grado te consideras satisfecho respecto a la manera en que distribuyes tu tiempo y energía? Responde en una escala de 0-10 y explica tu respuesta.
- ¿Consideras posible equilibrar –en la práctica– el tiempo y energía que destinas a las diferentes áreas de tu vida? ¿Por qué?

- ¿Qué impacto puede reflejarse sobre tu bienestar al establecer un mejor balance entre tu vida personal y laboral?
- Si decidieras realizar un mejor balance entre las diferentes áreas de tu vida a partir de un egoísmo constructivo ¿Qué cambios inmediatos tendrías que implementar? Escribe las primeras ideas que acudan a tu mente.

capítulo 12
Formula un plan estructurado por escrito

No es tarea sencilla mantener los cambios de comportamiento iniciados, a pesar de disponer de motivación y vislumbrar ventajas evidentes al actuar de manera diferente a lo acostumbrado; al respecto, los psicólogos conductuales han documentado que las promesas y compromisos de cambio que no se consignan por escrito suelen tener menor poder de influencia: efectivamente, es más fácil que a las palabras se las lleve el viento. Para contrarrestar esta tendencia, en psicoterapia se formulan contratos conductuales, es decir, documentos cuidadosamente elaborados en el contexto de un proceso de cura, en los cuales se establece un compromiso de adherencia a ciertas acciones con la intención de favorecer que ciertas conductas aparezcan y se mantengan.

En este capítulo se retoman estos principios para estructurar un proyecto sistemático de cambio, para ello se revisan los recursos adicionales estipulados en la lista de chequeo para establecer un plan de autocuidado.

Establecimiento de metas para lograr autorregulación

Establecer metas es de total transcendencia para el sistema humano de motivación, puesto que estas facilitan el inicio y mantenimiento de cambios de comportamiento, funcionan como puntos de referencia del desempeño y, por tanto, constituyen instrumentos para regular propositivamente la propia conducta. Ahora bien, para cumplir su función, las metas deben ser específicas y poseer una dificultad media, es decir, que a la par de ser claras, deben exigir un esfuerzo razonable para ser alcanzables; los estudios han demostrado que el desempeño tiene relación directa con la dificultad de la tarea, es decir, si existe compromiso y capacidad, mejorará el desempeño a medida que aumenta la complejidad de la meta.[1]

Ambas propiedades son importantes, en primer lugar, las metas ambiguas o especificadas vagamente no son adecuadas como referencia de desempeño ni para elicitar conductas particulares; en segundo lugar, la dificultad de la meta debe ponderarse detenidamente, puesto que cuando una persona se enfrenta a la disyuntiva de elegir entre alternativas que incluyen metas muy difíciles de alcanzar, es más probable que: decida racionalmente no establecer plan alguno, o bien, que abandone los acuerdos previamente establecidos.[2]

Un contrato conductual (o en este caso, plan de autocuidado) tiene la intención de subsanar estas limitantes al especificar por escrito los compromisos de cambio, se trata de una herramienta terapéutica que ha demostrado su eficacia a lo largo de décadas de investigación puesto que se fundamenta tanto en teorías sólidas (por ejemplo, de aprendizaje y motivación) como en investigación aplicada y de laboratorio. Ahora bien, este recurso es adecuado cuando cumple con las características siguientes.[3]

1. Asegura que cada persona involucrada esté de acuerdo con los objetivos y procedimientos, los cuales no se perderán de vista durante el tiempo programado.
2. Puesto que los objetivos están claramente especificados, asegura que a medida que avanza el plan, cada persona involucrada sepa lo que aún falta para conseguir los objetivos.
3. Proporciona al interesado una estimación realista del costo del plan en términos de tiempo, dinero y esfuerzo.
4. Genera un compromiso al solicitar la firma del plan, con lo que se contribuye a asegurar que cada persona involucrada seguirá fielmente los procedimientos especificados.

Estos principios teórico/técnicos se retoman en las secciones siguientes en conjunto con recursos adicionales para concretar la elaboración de un plan de autocuidado específico.

Recurso 8: Elige al menos una acción de autocuidado de cada área

La idea de cuidar mejor de uno mismo puede resultar muy difícil de aceptar y asimilar, esto se debe a que en principio puede asociarse a obligaciones que demandan tiempo, dinero y esfuerzo poco disponibles, es decir, a perder más que a ganar; por esta razón, con este recurso se pretende crear consciencia de que el autocuidado puede realizarse con procedimientos sencillos, fácilmente asimilables e incluso divertidos: ganar-ganar, disfrutar tiempo de calidad para mantenerse protegidos.

La guía de autocuidado de la Cruz Verde Internacional especifica tres áreas (física, psicológica y social/interpersonal) que deben ser incluidas para la generación de un plan integral, no obstante, en otras obras se añaden las áreas espiritual, laboral, emocional, de balance, artística, entre otras. Más allá de la terminología es importante tener presente que se puede disponer de diferentes herramientas para el fomento del autocuidado; idealmente cada área debe ser atendida.

Ejercicio 12.1
Inventario de acciones de autocuidado

A continuación se presenta un inventario basado en la lista de chequeo de Saakvitne & Pearlman[4] así como en mi experiencia de trabajo con grupos para prevenir BO y FC, en este se enlistan herramientas, acciones y recursos para mejorar el cuidado de nuestra persona, en modo alguno pretende ser exhaustiva, por el contrario, su intención es ilustrar y estimular la imaginación e inventiva.

Instrucciones

Se presenta una lista con posibles acciones de autocuidado, las cuales se encuentran organizadas por áreas. Lee detenidamente la lista y elige al menos una acción de cada área de acuerdo con tu interés por incluirla en tu plan de autocuidado (marca con una X en el cuadro de la izquierda según corresponda).

Inventario de acciones de autocuidado

ÁREA FÍSICA	ÁREA PSICOLÓGICA
☐ Ejercítate en forma regular	☐ Practica técnicas de relajación
☐ Realiza un deporte	☐ Practica habilidades de optimismo aprendido
☐ Acude a revisión médica preventiva (regularmente)	☐ Practica habilidades de asertividad
☐ Atiende tus padecimientos médicos actuales	☐ Practica regularmente alguna técnica de meditación
☐ Toma un tiempo para descansar y reponerte cuando estés enfermo	☐ Toma un tiempo para reflexión individual
☐ Toma vacaciones	☐ Toma un tiempo para procesar individualmente las experiencias traumáticas de tus usuarios
☐ Toma descansos periódicos (durante el día/semana)	☐ Acude a terapia con un psicólogo profesional
☐ Duerme en forma adecuada y suficiente	☐ Escribe un diario con tus reflexiones personales
☐ Come en horarios regulares (tres veces al día)	☐ Toma un espacio para descarga emocional/trauma vicario con tus cómplices
☐ Come sanamente (cantidad y calidad)	☐ Reconoce tus propios logros y recompénsate
☐ Limita tu consumo de drogas (alcohol, tabaco, etc.)	☐ Ámate a ti mismo (y encuentra formas apropiadas de expresar este amor)
☐ Monitorea regularmente tu cuerpo para detectar tensiones (y utiliza técnicas para resolverlas)	☐ Realiza regularmente actividades placenteras
☐ Asigna tiempo para disfrutar de tu sexualidad	☐ Identifica y modifica fuentes de estrés
☐ Viste con atuendos que disfrutes	☐ Otras (escribe todas las opciones posibles)
☐ Otras (escribe todas las opciones posibles)	

ÁREA SOCIAL/INTERPERSONAL	ÁREA ESPIRITUAL
☐ Crea una red de apoyo socioemocional con al menos dos personas más	☐ Practica meditación con sustento espiritual/ religioso
☐ Obtén la guía y apoyo de un colega/mentor	☐ Pasa tiempo en ambientes naturales
☐ Solicita retroalimentación positiva de tus colegas y/o usuarios	☐ Practica regularmente rituales de tu religión
☐ Brinda apoyo y consejo a jóvenes aprendices	☐ Busca apoyo y retroalimentación de un líder de tu religión
☐ Permite que personas cercanas te conozcan mejor	☐ Lee literatura inspiradora (no relacionada con tu profesión)
☐ Pasa tiempo en compañía de personas cuya presencia disfrutas	☐ Asigna un tiempo para reflexión espiritual
☐ Celebra encuentros regulares con personas significativas	☐ Fomenta tu optimismo y esperanza
☐ Resuelve tus dificultades familiares	☐ Aprecia los aspectos no materiales de la vida
☐ Otras (escribe todas las opciones posibles)	☐ Sé eventualmente una persona, más que un experto
	☐ Dedica tiempo a causas humanitarias
	☐ Practica la oración
	☐ Otras (escribe todas las opciones posibles)

OCIO Y DIVERSIÓN
☐ Escucha música
☐ Realiza manualidades
☐ Navega en internet
☐ Charla por teléfono con amigos
☐ Mira televisión
☐ Cocina por placer
☐ Otras

Después de revisar el inventario anterior, crea una lista adicional con las acciones de autocuidado que te gustaría implementar pero que no están incluidas en el mismo, también crea combinaciones y escribe tantas posibilidades como puedas. Es altamente recomendable que compartas tu lista completa con tu cómplice, terapeuta o grupo de apoyo, de tal manera que puedas operacionalizar cada acción, es decir, especificar la manera de llevarla a la práctica, para lo cual puedes apoyarte en la revisión que sigue.

Recurso 9: Formula por escrito tu plan de autocuidado

Después de seleccionar las acciones de autocuidado más adecuadas para ti —ya sea porque te sientes cómodo con ellas, porque las realizas en la actualidad o porque simplemente te gustaría implementarlas—, es momento de formular un plan organizado por escrito, donde se contemple: acciones concretas, tiempos, recursos, limitantes, soluciones y metas. El propósito de esta actividad es hacer explícito tu plan, para lo cual es necesario añadir todos los detalles posibles, además de que este análisis puntual puede ayudarte a refinar las acciones que elegiste, añadir algunas y descartar otras.

Ejercicio 12.2
Formulación de mi plan de autocuidado

Instrucciones: Para cada una de las acciones de autocuidado que elegiste en el ejercicio 12.1, especifica los rubros siguientes utilizando la tabla que se muestra a continuación:

Mi plan de autocuidado

Acciones concretas	Tiempos	Recursos	Limitantes	Soluciones	Metas

A continuación se brinda una explcación de cada uno de ellos:

Acciones concretas. Elabora la lista de las acciones elegidas y enseguida extiende la descripción de cada una de acuerdo con la manera en que planeas realizarlas; por ejemplo, si elegiste "Moderar mi carga de trabajo", puedes explicar que pretendes hablar con tu supervisor para limitar la cantidad de pacientes que atiendes por día, ajustarte a tus horarios de trabajo, además de establecer un horario personal con un máximo de determinadas horas dedicadas al trabajo clínico.

Tiempos. Especifica la modalidad temporal de la acción concreta que elegiste. Por ejemplo, si decides "Leer material literario", puedes indicar que tu plan implica leer al menos una hora al día.

Recursos. Elabora una lista con los recursos humanos, materiales, de habilidad, etc. necesarios para realizar efectivamente esta tarea. Por ejemplo, si elegiste "Realizar un deporte", puedes especificar que los recursos necesarios contemplan: disponer de tiempo, habilidad, condición física y dinero para gastos (uniforme, equipo...).

Limitantes. Especifica todas aquellas condiciones que impiden o dificultan la realización de la acción elegida. Por ejemplo, si decides "Celebrar encuentros regulares con personas significativas" (en este caso tus amigos), una limitante puede ser que desde hace mucho no los frecuentas ni tienes contacto con ellos.

Soluciones. Formula todas las soluciones posibles para cada una de las circunstancias que limitan la ejecución de tu acción protectora, de tal manera que puedas solventar las dificultades y determinar la viabilidad de tu plan. Por ejemplo, si decides "Tomar terapia psicológica", y entre las limitaciones indicas: "Tengo dudas, temor y no conozco a un buen profesional", puedes idear hablar con el psicólogo de tu institución para resolver tus dudas y solicitar que te recomiende a un colega.

Metas. Establece un parámetro de logro con especificación de tiempo, de tal manera que puedas determinar: si llevaste a cabo la acción de autocuidado de acuerdo con lo previsto, y si existe un impacto en cuanto a tu bienestar. Por ejemplo, si decides "Acudir a revisión médica preventiva", tus metas pueden incluir asistir al menos cada seis meses (dos veces al año) y disminuir tus niveles de colesterol y triglicéridos en sangre.

Realiza este ejercicio con asistencia de tu cómplice, terapeuta, coach o grupo de apoyo, realiza las anotaciones correspondientes en tu bitácora y refina tu plan las veces necesarias para cumplir el propósito más importante: llevarlo a la práctica.

Recurso 10: Firma una carta compromiso de cambio

Después de especificar tu plan, formula y firma un compromiso escrito para iniciar y mantener el cambio. En la página siguiente se presenta un ejemplo de formato, pero puedes generar el tuyo, con tus propias palabras, puesto que lo más importante es que este se convierta en una herramienta significativa que te mantenga motivado e involucrado para realizar acciones concretas.

Recurso 11: Desarrolla habilidades de autocuidado especializadas

El inventario de acciones de autocuidado consiste en una lista amplia de opciones, muchas de las cuales parten esencialmente de motivación y decisión para su implementación correcta, no obstante, algunas de ellas requieren de un entrenamiento especial, además de práctica guiada; de hecho es posible que hayas pasado por alto algunas opciones debido a este inconveniente, por esta razón, es necesario realizar un nuevo recuento con las acciones que requieren de un aprendizaje especial.

Ejercicio 12.3
Acciones de autocuidado especializadas

Instrucciones: En la columna izquierda de la tabla que se presenta a continuación, elabora una lista con las acciones de autocuidado que te gustaría implementar, pero para las cuales requieres de un aprendizaje especial. En la columna de en medio indica los requerimientos para adquirir el conocimiento necesario. En la columna del lado derecho formula las soluciones posibles, de tal manera que puedas desarrollar y practicar efectivamente la actividad deseada. Por ejemplo, si eliges "Practicar técnicas de meditación", entre tus requerimientos puedes

COMPROMISO ESCRITO DE AUTOCUIDADO

FECHA _____ de _____ de_____.

Por medio de la presente, yo _____
_____, con el cargo de _____ de la institución _____, organización para la cual colaboro, reconozco que mi trabajo me coloca en situaciones de riesgo particulares y que es mi responsabilidad velar por mi autocuidado, por lo que he decidido tomar acciones concretas que favorezcan mi bienestar.

    El compromiso que ratifico abajo con mi firma implica la adquisición de los siguientes compromisos:

1. detectar con atención continua las situaciones laborales y personales que atentan contra mi estabilidad y bienestar para intentar modificarlas;
2. identificar y reclutar a dos cómplices, uno dentro de mi espacio de trabajo y otro fuera de este espacio (amigo, familiar, pareja) a quienes solicitaré su compromiso para monitorear tanto mi bienestar como mis progresos encaminados al autocuidado;
3. adherirme al plan formulado para crear y mantener un estado de bienestar y autocuidado;
4. hacer público este compromiso, ya sea entregando copias firmadas del mismo a mis monitores-cómplices, o bien, compartiéndolo verbalmente;
5. mantener en forma continua a través del tiempo los esfuerzos de autocuidado, con posibilidades de reinvención de planes pero no de abandono.

Los objetivos de mi plan y acciones de autocuidado se centran en establecer condiciones de bienestar y recuperación permanentes, de tal manera que me sea posible: a) mantener un estado óptimo de salud física y emocional; b) mantenerme vinculado positivamente a mi labor de servicio a terceros; c) brindar mi máxima capacidad y calidad como persona y profesional a mis usuarios; d) brindar mi máxima capacidad y calidad como persona tanto a mis seres queridos, como a mí mismo; e) monitorear continuamente mi estado físico y emocional; f) disponer de acciones que me generen bienestar correctivo y preventivo.

    Tengo claro que el descuido y abandono de este compromiso me hace incurrir en negligencia frente a mí mismo, mis seres queridos y mis usuarios, personas a quienes ayudo.

_____
Profesional Cómplice 1 (Vida personal)

_____
Cómplice 2 (Vida laboral)

incluir: un instructor y/o un grupo que practique meditación y/o libros de meditación guiada. Como soluciones puedes proponer ideas para encontrarlos, tales como: buscar en librerías, preguntar entre tus amistades, visitar centros comunitarios, etcétera.

Acciones de autocuidado especializadas

Acción especializada	Requerimientos	Soluciones

Queda claro que algunas acciones que generan bienestar sí pueden requerir de tiempo y dedicación, por esta razón es muy importante que elijas aquellas que realmente disfrutas y, por tanto, te producen suficiente motivación como para mantenerte involucrado por un tiempo prolongado. Por ejemplo, no tiene sentido elegir "aprender a cocinar comida italiana" solo porque te genera curiosidad, especialmente si te desagrada la cocina, puesto que el resultado esperado puede ser el abandono prematuro de esta práctica.

Recurso 12: Practica en forma rutinaria tus acciones de autocuidado

Es obvio que ninguna buena intención basta por sí misma para producir un cambio, por tanto, un requerimiento esencial consiste en iniciar y mantener activamente el plan de acuerdo con lo estipulado, es decir, traducirlo en práctica efectiva. Para este punto puede resultar de utilidad: estipular una fecha formal de inicio y mantener presente el compromiso de cambio realizando acciones concretas. Si el plan no se lleva a cabo, no funciona, así de simple.

Recurso 13: Mide periódicamente tus niveles de burnout, fatiga de compasión y trauma vicario

Establece un cronograma de autoobservación sistemática, lo cual puedes realizar al registrar periódicamente en tu bitácora los resultados de tus autoevaluaciones con las siguientes herramientas:

1. El ProQOL con evaluaciones semestrales (capítulo 7).
2. Autoexploración de síntomas de desgaste con evaluaciones cada dos meses (capítulos 5 y 6).

Además de estas autoevaluaciones, podemos mantenernos protegidos a través de hábitos simples como aprender a observar y escuchar a nuestro cuerpo, así como identificar y validar nuestras emociones, (ver en el capítulo siguiente la técnica de mindfulness), lo cual es posible establecer y perfeccionar al iniciar un diario en tu bitácora, en el cual registres los acontecimientos cotidianos más relevantes, así como tus reacciones corporales y emocionales respectivas, pues precisamente con esta tarea se apunta a mejorar la detección y comprensión de los estados internos, tanto aquellos rutinarios, como los que señalan inclinación hacia el espectro de reacciones de desgaste.

Recurso 14: Revisa y ajusta periódicamente la efectividad de tu plan

Desde un principio el plan de autocuidado debe formularse con la idea de que serán necesarios ajustes posteriores ¿Por qué razones? En primer lugar, porque al momento de intentar cambiar la manera en que se vive suelen encontrarse todo tipo de dificultades; en segundo lugar, porque nosotros y las circunstancias que nos rodean suelen mutar con el tiempo; en tercer lugar, porque todo procedimiento de modificación de conducta debe estar sujeto a revisión periódica, especialmente para detectar: cuando los hechos señalen que no se están alcanzando las metas propuestas, y cuando no se ha realizado alguna de las acciones planificadas.

Idealmente debes realizar la revisión, evaluación y reformulación de tu plan en periodos preestablecidos (mensuales, semestrales y anuales), durante los cuales debes solicitar la asistencia de tus cómplices. Si al momento de evaluar la efectividad de tu plan detectas que te resulta muy difícil o imposible realizar alguna de las acciones especificadas en tu compromiso firmado (y por tanto, alcanzar determinados objetivos), es importante que informes a tus cómplices para discutir con ellos las dificultades y de ser necesario, te ayuden a formular un nuevo plan.

En el cuadro 12.1 que se muestra a continuación, se presenta una guía con los elementos clave que debes revisar para determinar la efectividad de tu plan de cambio y en su momento, la viabilidad de una nueva formulación.

CUADRO 12.1
Guía para revisar un plan de autocuidado

ASPECTO	ELEMENTOS CLAVE
Tiempo	
➢	Estipula fechas límite para iniciar acciones concretas
➢	Estipula la frecuencia de las acciones de cambio
➢	Estipula con tus cómplices el periodo o fecha para revisar tu plan
Viabilidad	
➢	Inicia tu plan con acciones simples y logros fáciles de obtener
➢	Elabora un plan fácilmente asimilable a tu ritmo de vida
➢	Incrementa la dificultad de las metas cuando sea oportuno y alcanzable
Acciones	
➢	Imprime a tu plan una expresión positiva y entusiasta
➢	Realiza acciones divertidas (la diversión es protectora)
➢	Especifica con claridad las conductas que vas a implementar
➢	Fracciona acciones complejas en conductas discretas
➢	Especifica las circunstancias y el contexto en que implementarás tus acciones

Cómplices	
➢	Asegúrate de que tus cómplices comprenden a cabalidad tu plan
➢	Solicita a tus cómplices que te reconozcan espontáneamente el logro de metas
➢	Pondera la posibilidad de cambiar y/o incluir cómplices
Logros	
➢	Establece indicadores claros y sencillos de logro
➢	Asegúrate de que tus indicadores de logro se reflejan en bienestar palpable
➢	Establece consecuencias positivas ante el logro de metas

Esta guía se deriva de las características esenciales con que debe contar todo contrato conductual eficiente: a) claridad de lo que se quiere lograr y en cómo se arribará a la meta; b) dificultad de logro adecuada, es decir, que los cambios implementados requieren de un esfuerzo moderado e idealmente, deben ser fácilmente asimilables y divertidos.

Reflexiones del capítulo

A manera de conclusión y reflexión, se proponen las siguientes recomendaciones para el profesional interesado en mantenerse protegido:

- Si bien se planteó una estructura de cambio sistemático, no existen fórmulas universales para incrementar el bienestar personal, puesto que con esta guía se pretende ayudarte a encontrar y seguir tu propio camino hacia el autocuidado.
- Considera posible incluir a tu rutina de vida cambios sencillos para generar un gran impacto en tu bienestar.
- Inicia con algunos cambios, los más sencillos y simples.
- Ten en mente que cuidar mejor de uno mismo puede (y debe) ser una tarea sencilla y divertida.

Cuarta parte

Herramientas de autocuidado en la práctica

capítulo 13
Mindfulness como recurso de autocuidado

Una de las estrategias recomendadas por los especialistas para prevenir y reducir el impacto de la labor de asistencia y cuidado, consiste simplemente en mirarnos de forma objetiva, es decir, aprender a identificar los cambios que se han operado en nuestra persona –cuerpo, mente y contexto– desde que iniciamos nuestra actividad profesional de ayuda a terceros,[1] en este mismo tenor, es igualmente importante vigilar día con día nuestro estado emocional y corporal. Una manera de desarrollar y perfeccionar esta observación es a través del mindfulness o mentalización, una técnica de meditación que consiste en poner atención en forma intencional al momento presente, de una manera no crítica (no evaluativa), aprehendiendo la experiencia actual momento a momento;[2] se emplea desde hace años como herramienta terapéutica debido a su eficacia demostrada y en particular, se ha incluido en cursos didácticos para asistir el cuidado de profesionales de la salud.[3]

En este capítulo se exponen dos técnicas de meditación basadas en mindfulness, se presentan los fundamentos teórico/técnicos, así como los principios para implementar una práctica rutinaria en condiciones estructuradas, además de una modalidad para implementarse en menor tiempo y en el contexto de trabajo.

Mindfulness como recurso de autocuidado

En la actualidad, cada vez es más común la integración de técnicas orientales de meditación a la práctica psicológica profesional, en particular, el mindfulness. Esta técnica en especial, desde hace treinta años ha sido fuertemente difundida debido a su efecto positivo sobre diversos padecimientos. Por ejemplo, en el análisis de Baer[4] se revisaron 22 estudios de investigación aplicada, donde las intervenciones se basaban en entrenar habilidades de mindfulness, específicamente: Reducción de Estrés Basada en Mindfulness (MBSR), Terapia Cognitivo Conductual Basada en Mindfulness (MBCT), Terapia Conductual Dialéctica (DBT), y Terapia de Compromiso y Aceptación (ACT). La conclusión de este trabajo fue que dichas técnicas eran útiles para reducir los síntomas de diversos padecimientos, tales como dolor crónico, depresión, ansiedad, atracones alimentarios y psoriasis.

En un análisis más reciente[5] se revisaron 39 estudios, en los cuales se empleó Reducción de Estrés Basada en Mindfulness o Terapia Cognitivo Conductual Basada en Mindfulness. Los 1140 participantes presentaban diferentes condiciones como cáncer, trastorno de ansiedad generalizada, depresión y otros padecimientos psiquiátricos y médicos. Los resultados arrojaron que que estas intervenciones basadas en mindfulness produjeron una reducción significativa en los síntomas de ansiedad y depresión.

Respecto a autocuidado, el entrenamiento en técnicas de mindfulness ha demostrado ser efectivo en la reducción de los síntomas típicos de desgaste en profesionales de la salud, en particular, la intervención denominada Reducción de Estrés Basada en Mindfulness es una de las más estudiadas; se trata de un programa psicoeducativo desarrollado por Kabat-Zinn,[6] el cual tiene una duración de ocho semanas durante las cuales se enseñan diferentes técnicas de meditación que se practican tanto en clase como en diferentes contextos de vida rutinarios (caminando, comiendo, conduciendo, entre otros.).

Irving, Dobkin y Park[7] realizaron una revisión sistemática de la efectividad de este modelo de intervención para profesionales de la salud, analizaron 10 investigaciones en las cuales se implementaron cursos de Reducción de Estrés Basada en Mindfulness para promover el autocuidado y bienestar. Se incluyó a terapeutas en entrenamiento, enfermeras, estudiantes de medicina y enfermería, médicos, trabajadores sociales, psicólogos y personal hospitalario. Los resultados indican que la intervención tuvo un efecto positivo en la reducción de: estrés, ansiedad, depresión, afecto negativo, rumiaciones, burnout y sobreidentificación con usuarios. Paralelamente, la mejoría también se reflejó en un incremento en:

afecto positivo y compasión por uno mismo, satisfacción de vida, grado de empatía y espiritualidad.

También se ha demostrado la utilidad del mindfulness en cursos estructurados para estudiantes de psicoterapia.[8,9] En la revisión de Christopher y Maris[10] se analizaron investigaciones en las que se impartieron cursos de capacitación en mindfulness para terapeutas en formación; los estudiantes reportaron mejoras físicas, emocionales, mentales, interpersonales y espirituales, tales como: cambios positivos en la disposición de paciencia, incremento de consciencia y aceptación; (del propio cuerpo y circunstancias conflictivas), mejora en la capacidad de enfoque, mayor claridad mental, concentración y organización; mayor tolerancia al malestar físico y emocional, y por último un incremento en la capacidad de compasión.

En la sección siguiente se presentan lineamientos básicos para iniciar y desarrollar una práctica personalizada de mindfulness, no obstante, contempla que lo más recomendable es que aprendas y practiques las técnicas de manera guiada. Incluye esta habilidad a desarrollar en tu plan de autocuidado.

Técnica de mentalización o mindfulness

Principios del mindfulness

Como técnica de meditación, el mindfulness tiene sus raíces en prácticas de la antigua India y proviene de las enseñanzas de Buda, quien la consideró esencial para desarrollar claridad mental, comprensión intuitiva de la realidad y liberación de estados negativos.[11] Es importante resaltar que más que una religión, el budismo se considera una filosofía y postura ante la vida, por lo tanto, la práctica de meditación que se presenta en este apartado no requiere que te adhieras a creencias o prácticas religiosas particulares, ni tampoco que renuncies a tus hábitos actuales o los modifiques, excepto que realices los ajustes necesarios para practicar y comprobar sus beneficios. A continuación se presentan en forma muy sintetizada algunos de los principios que la sustentan.

No es lo mismo dolor que sufrimiento: la condición humana impone limitaciones que generan malestar, dolor e incomodidad, en esta se incluye a circunstancias ineludibles tales como la muerte, la enfermedad, el envejecimiento, las pérdidas, etc. Sin embargo, lo que agudiza el malestar hasta convertirlo en sufrimiento es la interpretación negativa que nuestra mente otorga a esos "accidentes", es decir, la resistencia o lucha contra lo inevitable, por lo tanto, la segunda fuente de malestar es propiamente humana, de donde se desprende que si bien es imposible escapar del dolor, sí está en nuestras manos detener el sufrimiento, en la medida en que incrementamos nuestra capacidad de consciencia y aceptación, incluso de aquello que produce una incomodidad intensa; desde esta perspectiva, se concibe al mindfulness como una vía para alcanzar este cometido.

¿Cómo ayuda el mindfulness a detener el sufrimiento? En primer lugar, ayuda a enfocarse en la experiencia del aquí y el ahora, con lo cual se contrarresta la tendencia de la mente humana de "viajar en el tiempo", es decir, limita una orientación hacia el pasado (que a menudo genera tristeza, culpa y sensación de pérdida); asimismo, limita una orientación hacia el futuro (que a menudo genera ansiedad y preocupación). En segundo lugar, ayuda a desarrollar la capacidad para aprehender la experiencia actual en plenitud, a partir de una disposición receptiva y benevolente, con lo cual es posible disminuir una orientación basada en expectativas (evitar lo desagradable y buscar lo agradable), que a menudo favorece el surgimiento de emociones negativas: frustración, enojo, angustia, etc. Desde esta perspectiva, el mindfulness actualiza el hecho de que tenemos poder de control sobre nuestra experiencia interna: nuestras emociones.

Definición de mindfulness

Mindfulness o mentalización tiene una doble acepción, la primera se denomina consciencia mentalizada (*Mindful Awareness*), que hace referencia a un resultado y/o estado e implica hacer consciente la experiencia presente con un profundo reconocimiento y aceptación, es decir, conocer con atención cuidadosa lo que ocurre en el aquí y el ahora sin añadir nada más (sin intención de obtener más de lo que nos agrada y/o evitar lo que nos desagrada). Mientras tanto, la segunda acepción hace referencia a una práctica, a un proceso dirigido intencionalmente para el desarrollo de la habilidad de canalizar y mantener la atención con aceptación,[6] por tanto, en términos de una práctica, se define como poner atención intencionalmente al momento presente, de una manera no crítica (no evaluativa), aprehendiendo la experiencia actual momento a momento.

En referencia a la primera acepción, mindfulness también alude a un estado y a un estilo de vida, a una forma de ser en el mundo y a una ética, de tal manera que al aprehender la experiencia presente y aceptarla incondicionalmente, no se invita a permitir/tolerar las injusticias o el malestar innecesario, más bien se propone que a través de la misma es posible distinguir aquello que es positivo y genera bienestar para uno mismo y los demás, por lo que este tipo particular de discernimiento se convierte en un recurso que ayuda a clarificar de forma consciente la mejor manera en que debe actuar.

Requerimientos indispensables para practicar mindfulness

Atención. La práctica del mindfulness es un proceso activo que implica el desarrollo de una capacidad de atención con características muy particulares, en primer lugar, se trata de una atención profunda y penetrante, por lo tanto, consiste en aprehender más allá de la superficie de las cosas; en segundo lugar, se trata de atender a la experiencia del aquí y el ahora conforme ocurre momento a momento; en tercer lugar la atención se concentra en la experiencia interna y externa, es decir, tanto aquella que es captada con nuestros cinco sentidos, como la que solo puede "observarse" con la propia mente: nuestros pensamientos y afectos y más aún, nuestra experiencia completa.

Intención. Resulta crucial formular conscientemente una clara intención acerca de las razones o motivo de nuestra práctica, puesto que con ello es posible establecer las condiciones para lo que queremos lograr, de tal manera que en adelante podamos direccionar la actividad y monitorear nuestro acercamiento a dicho propósito. La recomendación es que verbalices tu intención antes de iniciar cada ejercicio de práctica, lo cual puedes realizar de la manera más sencilla y a partir de tu propia y genuina inventiva; por ejemplo: "Con mi práctica, deseo aprender a ser más paciente y comprensivo", o bien "Pretendo disminuir mis niveles de estrés".

Actitud. La práctica ideal de mindfulness debe estar matizada por la disposición de curiosidad, apertura, aceptación y amor,[12] por lo tanto, la práctica de atención receptiva contiene un componente actitudinal/afectivo que implica: no juzgar, no orientarse a metas, desapego, aceptación, paciencia, confianza, apertura, curiosidad, calidez, gentileza y ternura. La recomendación es que en cada ejercicio formules en forma explícita la disposición actitudinal necesaria, lo cual puedes verbalizar al inicio de tu práctica; el propósito es que la experiencia presente sea atendida bajo la lente de esta disposición, incluso aquello que nos desagrada, de tal manera que se pueda contrarrestar la tendencia habitual de la mente para acercarse a lo que nos complace y evitar aquello que nos incomoda.

Tiempo. El perfeccionamiento del estado de consciencia mentalizada (*Mindfulness Awareness*) se logra a partir de la práctica regular, por lo tanto, la clave del éxito requiere de tiempo. La recomendación es que formules un compromiso para practicar formalmente todos los días en un contexto estructurado, al menos durante 10 minutos. Considera que existen diversos ejercicios de mentalización y cuando realizas practica grupal guiada, lo recomendable es que asignes un tiempo semanal (tu clase o sesión) para perfeccionar determinada modalidad de práctica, por ejemplo, meditación de bondad y meditación caminando. En este capítulo solo se enseña el ejercicio básico, puesto que la finalidad es invitarte a palpar los beneficios, despertar tu curiosidad y generar tu involucramiento activo.

Lugar. El sitio ideal para una práctica formal debe brindarte bienestar y privacidad suficientes, por lo tanto, este espacio debe ayudarte a evitar interrupciones abruptas, al tiempo que te resulta intensamente agradable. La recomendación es que personalices este lugar con objetos preciados e inspiradores.

Grupo. De acuerdo con la recomendación de Kabat-Zinn[6] el formato ideal de práctica debe realizarse en grupo, puesto que con ello se favorece el involucramiento y compromiso a partir de la formación de vínculos, por lo que la recomendación es que practiques con tu grupo de apoyo/autoayuda y la guía de un instructor capacitado.

Requerimientos materiales para practicar mindfulness

Lo más importante es tu disposición para practicar y aprender, por lo tanto, esencialmente no necesitas nada material, si bien, puede resultar de utilidad contar con algunos implementos de apoyo:
- Alarma para indicar con claridad el inicio y final de tu práctica.
- Cojín, sillón o superficie mullida para el piso, para garantizar la mayor comodidad posible.
- Ropa cómoda para la práctica formal.
- Bitácora para registrar tus observaciones al terminar cada práctica (¿Cómo me sentí? ¿Qué aprendí? ¿Cómo puedo extender este aprendizaje a mi vida cotidiana?)
- Agua purificada para mantenerte hidratado.

Práctica de la respiración mentalizada

Este es el ejercicio básico de toda práctica de mindfulness, puesto que su importancia radica en que permite cultivar y fortalecer:

1. la capacidad de atención profunda;
2. la orientación centrada en el aquí y el ahora;
3. la orientación no crítica;
4. la disposición de desapego;
5. una actitud receptiva y de aceptación.

La recomendación es que practiques formalmente el ejercicio al menos durante 10 minutos cada vez, si bien la duración puede extenderse de acuerdo con el interés y disposición personal.

Instrucciones para la práctica

- Crea e implementa un ritual personal de inicio, a partir del cual puedas sintonizar por completo con la experiencia que estás por comenzar, puede ser algo simple como asegurar la privacidad de tu práctica, prender incienso, rezar una oración breve, etc. Como parte de este ritual debes programar una alarma que marque el inicio y término de la práctica.
- Siéntate con una postura adecuada sin olvidar que debes estar esencialmente cómodo durante todo el ejercicio. Establece tu

postura con la guía de las siguientes instrucciones: siéntate con la espalda derecha y erguida, pero procura que no haya rigidez, relaja los hombros (permite que estén sueltos, no hacia arriba), expande el pecho e inclina ligeramente la barbilla, descansa tus manos, apóyalas de manera confortable sobre tu regazo o piernas (puedes acomodar las palmas hacia arriba o abajo). Es posible realizar el ejercicio en una silla, un sillón o un cojín sobre el piso, pero en todos los casos, es importante realizarlo con la espalda derecha y erguida, y en el último caso, mantener las piernas cruzadas, dado que con ello se favorece el mantenimiento de la posición. Es importante que revises mentalmente tu postura para relajar focos de tensión y pruebes hasta encontrar la modalidad óptima.

- Formula en voz baja tu intención para la práctica, para ello cierra momentánea y suavemente los ojos, explora en tu interior para identificar tus razones íntimas para experimentar con el mindfulness, entra en contacto con la parte de tu persona que desea aprender y expresa tu intención con una frase sencilla y breve.
- Mantén los ojos cerrados o abiertos, ambas modalidades son adecuadas, si bien, para el último caso se recomienda sostener una mirada con pestañeos suaves, sin enfocar, a una distancia aproximada de un metro o metro y medio.
- Inicia y mantén un ritmo de respiración pausada, la mejor modalidad incluye respiraciones lentas y profundas, no forzadas, a partir de las cuales puedas llenar por completo los pulmones.
- Monitorea tu experiencia completa, explora con apertura y aceptación absolutas tu mente, cuerpo y afectos, tal como se encuentran en el momento actual. Sin olvidar que no es necesario seguir una secuencia determinada: 1. Observa el estado de tu mente, ¿qué pensamientos la ocupan en este momento? ¿Se encuentra difusa o enfocada? 2. Realiza un seguimiento mental de las partes de tu cuerpo para hacer consciente cómo se experimentan: ¿Hay dolor, tensión, relajación, calor, etc. en esas partes?, puedes monitorear determinados grupos musculares: pies, piernas, torso, brazos, manos, cabeza y rostro. 3. Explora tus emociones, observa y detecta cómo te sientes en este momento (contento, estresado, tranquilo, etcétera).

- Observa tu experiencia con curiosidad, apertura, aceptación y benevolencia, recuerda que la actitud ideal durante todo el ejercicio implica observar lo que está presente y la manera en que fluye, pero sin intentar cambiar nada, de la misma manera, es importante detectar y dejar fluir la actitud juiciosa, así como los esfuerzos hacia determinadas expectativas; por lo tanto, al notar que tu mente asume una disposición crítica y propositiva, solo regístralo y de manera tranquila regresa a crear la actitud ideal descrita: compasiva, amigable, benevolente.
- Concéntrate en tu respiración, observa con tu mente el proceso completo, atiende a cada detalle de la inhalación y exhalación, detecta la sensación del aire desde que ingresa por las fosas nasales hasta descender por la tráquea y pasar hasta los pulmones, nota que tu pecho se expande a medida que inspiras, registra cada sensación; de la misma manera, a medida que exhalas, registra toda la experiencia conforme el aire sale por tu boca. Nota los cambios en tu cuerpo, mente y afectos a medida que avanzas en el ejercicio ¿Detectas ansiedad, premura, calor, paz? Recuerda que es importante no modificar nada, tampoco el ritmo de respiración, solo conviértete en observador y permite que ésta siga un flujo natural, espontáneo.
- Redirige tu atención al proceso de respiración. Al detectar que tu mente se concentra en temas distintos al de tu respiración, registra conscientemente esta actividad y de manera silenciosa, tranquila y no juiciosa, redirige tu atención al objetivo primario: aprehender la experiencia de respirar. Cada vez que tu mente se dispersa, abandona tranquilamente los temas que la ocupan y renueva la atención focalizada en tu respiración, experimenta cada inhalación y exhalación como si fuera la primera.
- Concluye el ejercicio, lo cual estará claramente indicado al sonar la alarma preprogramada. Abre lentamente los ojos y enseguida, toma unos minutos para percibir tu experiencia completa, registra cómo sientes el cuerpo, la mente y los afectos, reflexiona sobre estas sensaciones y regístralas en tu bitácora.

Práctica informal de respiración mentalizada

La práctica formal de mindfulness implica la creación de una estructura, cuya base es la intención consciente de desarrollar las habilidades descritas (por ejemplo, atención al momento presente, aceptación incondicional, actitud receptiva y benevolente), ahora bien, la práctica informal se refiere a la aplicación, desarrollo y extensión de los recursos adquiridos a la vida cotidiana, lo cual se realiza de una manera consciente y propositiva; por ejemplo, puedes poner en práctica lo aprendido cada vez que realizas tu trabajo asistencial y dispones de manera consciente e intencional de los recursos de paciencia, bondad y empatía; sin embargo, también puedes practicar en diferentes circunstancias, por ejemplo cuando conduces, cuando te alimentas, etcétera.

Respecto al ejercicio de respiración mentalizada, la práctica informal consiste en realizar algunas respiraciones lentas y profundas, a lo cual se añade una clara intención de actualizar y aplicar los recursos aprendidos formalmente. Como recurso de autocuidado, la práctica en contextos de vida rutinarios permite disponer de una herramienta sencilla, la cual puedes implementar en poco tiempo y sin interrumpir tus actividades, incluidas las laborales; el propósito de la misma consiste en actualizar tu experiencia competa en el aquí y el ahora, de tal manera que puedas observar, detectar y aprehender tu estado físico, mental y emocional en un momento dado.

Instrucciones para la práctica informal

- Establece un estímulo/señal a partir del cual puedas recordar tu intención y compromiso de práctica. Lo ideal es que elijas alguna circunstancia que se repite rutinariamente a lo largo del día, contempla además que puede ser algo que ves, escuchas, hueles, degustas y/o sientes. Por ejemplo, en el contexto de trabajo, puedes establecer un breve momento de práctica cada vez que tu jefe te llama para solicitar alguna tarea, o bien, cada vez que percibes olor a café, cada vez que escuchas el sonido de un nuevo correo electrónico, cuando te levantas para obtener fotocopias, etcétera.

- Haz consciente tu intención de practicar, es decir, después de percibir el estímulo/señal establecido, formula mentalmente una clara intención de practicar mindfulness; considera que en este caso es muy importante el componente emocional, el deseo de observarte con objetividad, compasión y cuidado, por lo que puedes formular una frase sencilla y preestablecida, por ejemplo: "quiero saber cómo me encuentro en este momento", "deseo encontrar paz", "quiero practicar mi paciencia" o "quiero ser más compasivo".
- Si te es posible, detén por un momento tu actividad, excepto cuando sea imposible, por ejemplo, al conducir. Considera que leer, redactar o atender a una conversación, son actividades poco compatibles con una práctica adecuada, recuerda que la actividad no toma mucho tiempo y que vale la pena obsequiarte un minuto.
- Realiza de dos a cinco respiraciones lentas y profundas, no forzadas, a partir de las cuales puedas llenar por completo los pulmones. Recuerda que puedes realizar el ejercicio con los ojos abiertos o cerrados.
- Monitorea brevemente tu experiencia completa, explora mentalmente con apertura, aceptación y benevolencia absolutas tu mente, cuerpo y afectos; crea consciencia de tu estado, de cómo te encuentras en el momento actual pero sin intentar cambiar nada, más bien, procura disponer y mantener la actitud ideal descrita.
- Finaliza tu práctica, lo cual puedes realizar formalmente al registrar mentalmente tu estado actual, con las palabras que mejor expresen tu experiencia en el presente; por ejemplo, la asistente a uno de los grupos que conduzco compartió la experiencia siguiente: "Al realizar los ejercicios de respiración mentalizada detecté que me encontraba muy ansiosa, tensa y con muchas preocupaciones. Conforme transcurrió el tiempo de práctica fui dejando de preocuparme para concentrarme en mis sensaciones corporales y en mi respiración, hasta tal punto que ahora me siento más relajada y agradecida, incluso experimento la sensación de haber sido bendecida". La recomendación es que elabores un registro diario de este tipo de experiencias y a partir de un calendario

simple, o bien, consigna lo que hayas aprehendido y aprendido en tu bitácora.

Ejercicio 13.1
Respiración mentalizada informal

Realiza en este momento un ejercicio breve de respiración mentalizada informal. Al término de la misma, describe en tu bitácora, con tus propias palabras, tu estado interior actual ¿Cómo te encuentras exactamente en este momento? ¿Cómo está tu cuerpo, mente y afectos?

Conclusión

- La eficacia del mindfulness está demostrada científicamente, por lo que puede considerarse una práctica benéfica, útil, sencilla, económica, accesible y sin efectos negativos.
- Se propone como un recurso esencial de autocuidado y formación de profesionales que atienden a personas vulnerables, puesto que además, permite cultivar y mantener las cualidades que caracterizan al buen ejercicio en el área: compasión, empatía, paciencia, amor presencia.
- Ya sea formal o informal, la clave del éxito es la práctica, la disposición de aprender y la repetición de los ejercicios. A medida que se realizan reiteradamente las técnicas, estas resultan cada vez más sencillas y naturales, al punto de poder personalizarlas para generar un estilo propio.
- Existen muchas modalidades de práctica, en este capítulo se presentaron solamente los ejercicios básicos de respiración mentalizada formal e informal, por lo que la recomendación es que consultes material adicional especializado, además, que practiques de forma guiada en un contexto grupal.

capítulo 14
Estrategias preventivas en las organizaciones

Una parte importante de los profesionales que laboran en el área de asistencia, cuidado o salud están adscritos a una organización, en este caso, su estructura impacta directamente sobre la eficiencia con la que se logran los propósitos, también influye sobre la dinámica estrés/bienestar de cada trabajador, es decir, su grado de satisfacción/fatiga de compasión. En el capítulo tres se revisaron seis áreas o dimensiones de disfunción organizacional, las cuales producen efectos individuales de desgaste, desde esta perspectiva es claro que tanto líderes como trabajadores tienen el reto y la responsabilidad de crear una cultura y ambientes laborales en los cuales cada uno pueda producir, servir, crecer y sentirse valorado.[1]

En este capítulo se presenta un modelo sistemático, fundamentado científicamente para prevenir el desgaste, el cual constituye una plataforma para la implementación de estrategias específicas en organizaciones de asistencia a personas vulnerables, sin embargo, cabe mencionar que el modelo es aplicable en otros ámbitos, por ejemplo, en instituciones al cuidado de la salud, centros educativos, asociaciones civiles y empresas cuya actividad requiere la atención de personas.

Factores de desgaste en las organizaciones de asistencia

Las organizaciones asistenciales de nuestro país realizan una labor muy importante e insustituible, en particular, las instituciones que atienden a personas en situación de vulnerabilidad (casas hogar, orfanatorios, hospitales, escuelas en sectores marginales, etc.) constituyen un sector que enfrenta retos y dificultades que amenazan la seguridad y estabilidad, tanto de la misma organización, como de cada uno de los profesionales que la conforman. Ya se dijo que esta actividad no puede ser realizada eficientemente por cualquier persona, de tal manera que una de las características más comunes de este grupo tiene dos caras de una misma moneda, por un lado, un grado importante de rotación de personal, pero por otro, quienes permanecen lo hacen por periodos largos y suelen ser personas con un alto nivel de compromiso y satisfacción. ¿Qué desgasta a estos profesionales? Lo que sigue es una exposición de algunas de las causas más comunes.

Metas ambiciosas y poco realistas

La labor de asistencia se enfrenta a la difícil misión de resolver problemáticas sociales y psicológicas que se gestaron durante muchos años, por lo tanto, la promoción y evidencia de cambios conlleva tiempo, incluso, en ocasiones solo es posible observar la mejora hasta las generaciones siguientes. Por ejemplo, consideremos el caso de una joven de 20 años con antecedentes de maltrato y agresión sexual, quien comenzó a pernoctar en la calle a la edad de 12 años como una forma de escapar de la situación abusiva en casa; el trabajo de una institución asistencial favoreció que esta joven abandonara la vida de calle, incluido el consumo de drogas; sin embargo, después de ocho años de atención integral, los resultados numéricos no son espectaculares: solo concluyó la educación primaria, trabaja, vive sola y aun se apoya en la institución ¿Qué se ha logrado realmente con ella? Un resultado aparentemente modesto pero importante: salvar su vida y la de su pequeña hija, quien ya no repite la misma historia de maltrato y abandono.

Desde esta perspectiva, el trabajo asistencial puede ser mal comprendido, no solo por las personas que financian y supervisan los proyectos de atención, sino por los mismos profesionales que atienden a esta población, quienes olvidan la mesura respecto a expectativas y exigencias de resultados; esta circunstancia puede generar una presión intensa para aceptar un número excesivo de usuarios y obtener resultados mensurables en tiempo limitado, todo lo cual puede sobrecargar y desgastar al equipo de trabajo. Bajo estas condiciones es obvio que aun al profesional más comprometido puede resultarle complicado mantener altos niveles de empatía y satisfacción laboral.

Presupuesto limitado-sobrecarga de trabajo

El común denominador en la mayoría de las organizaciones es la disposición limitada de recursos, la responsabilidad de tener que hacer mucho con poco, en este sentido, el reto para la dirección es la administración adecuada del ingreso; esta situación suele resolverse –entre otras medidas–, con recortes de personal y sueldos bajos, de tal manera que los trabajadores y demás colaboradores deben cumplir con sobrecarga de obligaciones, que en muchas ocasiones implica trabajar doble turno, atender a un número excesivo de usuarios, gozar de un tiempo limitado de vacaciones, realizar funciones que corresponden a otro puesto, trabajar horas extra, etc. Bajo estas circunstancias, es claro que el profesional puede sentirse abrumado, poco valorado, desgastado y con pocas posibilidades de recuperación.

Liderazgo negativo

A pesar de que el área asistencial está conformada por personas sumamente capacitadas, con un alto nivel de compromiso y calidad humana, algunas organizaciones no están exentas de padecer un liderazgo ineficiente. Debe aclararse que un estilo vertical para dirigir es positivo y necesario en muchos sentidos, sin embargo, la parte negativa surge a partir del componente humano del líder, por ejemplo cuando su actitud transmite al subalterno: desconfianza hacia sus capacidades, falta de reconocimiento, descalificación, preferencia hacia ciertos elementos e indiferencia hacia los esfuerzos de autocuidado; estos problemas suelen agudizarse en los casos donde el director es también el fundador de la organización, de tal forma que los empleados de menor rango experimentan una falta crónica de reconocimiento profesional y control de la situación.

Dinámica interpersonal negativa

Relacionado con una dirección ineficiente, el ambiente laboral donde se tolera el acoso, discriminación, intimidación y demás trato inadecuado entre compañeros, no solo genera estrés a nivel personal, sino también disfunción organizacional en varios niveles. Respecto al líder, su papel como mediador en la solución de conflictos interpersonales constantes, constituye una tarea adicional que desgasta innecesariamente sus recursos personales y profesionales.

Problemas emergentes

Los profesionales que a pesar de las dificultades descritas perseveran en su esfuerzo asistencial, se enfrentan a la obligación de resolver tareas múltiples y a menudo no previstas. Efectivamente, su actividad no solo se relaciona con el cuidado y rehabilitación de los usuarios, también deben atender a las autoridades gubernamentales, a los miembros del patronato, a los donantes, etc. Esto se traduce en un sinfín de problemas emergentes que demandan solución inmediata: averías en las instalaciones, renuncia de colaboradores, gastos imprevistos, visita inesperada de las autoridades supervisoras y crisis emocionales de algunos usuarios. Estas circunstancias dificultan la planeación, además de que generan estrés permanente en todos los niveles de la organización.

Modelo de prevención gerencial del estrés

La mejor aproximación para crear una cultura preventiva en las organizaciones es a través de un enfoque sistemático, por tanto, en esta sección se presenta el modelo de gestión preventiva del estrés, definido como la plataforma para el diseño, organización, implementación y evaluación de las intervenciones gerenciales, encaminadas a generar protección en cada uno de los colaboradores.[1] Los principios que guían esta práctica son los siguientes:

Principios del modelo preventivo

1. El bienestar individual y el organizacional son interdependientes, es decir, que el estrés generado en cada trabajador debido a una dinámica inadecuada en la organización, no solo produce desgaste individual, sino que además se refleja en disfunción completa del sistema. Es importante recalcar dos puntos: a) el efecto puede ser tanto positivo como negativo, es decir, se puede conformar ya sea un círculo vicioso o uno virtuoso; b) el efecto en una u otra

dimensión suele ser visible después de un tiempo (de uno a cinco años).
2. Los líderes tienen carga de responsabilidad por el bienestar individual y el organizacional, por tanto, se espera que la dirección asuma una postura abiertamente activa para contrarrestar los factores comunes que generan desgaste, así como para promover el bienestar y autocuidado de cada uno de los colaboradores.
3. El desgaste individual y el organizacional se pueden prevenir, por lo tanto, a pesar de la presencia de factores de estrés, se propone que los efectos negativos del desgaste se pueden reducir o incluso eliminar; este principio parte de la premisa de que una actitud pasiva y derrotista genera inmovilidad y limita seriamente los esfuerzos de autocuidado. Por ejemplo, la sobrecarga de trabajo puede enfrentarse eficientemente cuando se cuenta con un equipo que colabora mutuamente, además, cuando el personal cuenta con recursos para manejar su estrés, dentro y fuera del espacio de trabajo.
4. Cada persona y cada organización reacciona de forma única al estrés, que en teoría psicológica se denomina estilos de afrontamiento, es decir, que cada persona (y en este modelo, cada organización) implementa "esfuerzos cognitivos y conductuales cambiantes, que se desarrollan para manejar las demandas específicas externas y/o internas que son evaluadas como excedentes o desbordantes de los recursos",[2] por lo tanto, la reacción incluye esfuerzos más o menos exitosos para modificar tanto al problema como a la respuesta emocional.
5. Las organizaciones son entidades permanentemente cambiantes, al igual que los individuos, por lo tanto, son sistemas dinámicos y en constante restructuración, cursan por ciclos, pero a la vez cuentan con oportunidades para mantener un dinamismo y bienestar relativamente estables.

De estos principios se desprende que una organización productiva, adaptable y vital solo es posible si se conforma por individuos que gozan de salud integral, circunstancia que depende de cada persona, no obstante, en una institución el director es responsable respecto a: monitorear y diagnosticar niveles de estrés, seleccionar métodos adecuados para prevenir el desgaste a nivel individual y organizacional e implementar programas diseñados de acuerdo con las características institucionales; ahora bien, no existe una receta mágica para cada persona y organización, de tal manera que deben crearse programas adaptados a las necesidades específicas y a partir de una plataforma sistemática, la cual se presenta a continuación.

Componentes del modelo preventivo en las organizaciones

La plataforma que se presenta a continuación parte del modelo gerencial de prevención del estrés, el cual cuenta con sustento de investigación internacional durante décadas;[1,3] los componentes del mismo se perfilan en estudios cuyo objetivo fue identificar las prácticas preventivas de estrés basadas en evidencia científica. Es importante mencionar que al formular estrategias fundamentadas en un plan organizado, se está apuntando a proceder sistemáticamente para: detectar necesidades específicas, incluir a todos o a la mayoría de los integrantes en riesgo, detectar la mejor estrategia preventiva/correctiva, economizar recursos, llevar un registro del impacto del programa. A continuación se presentan los componentes o fases para el diseño de planes preventivos:

Preparación

Es muy importante planificar para crear una estructura basada en la cultura de la prevención del desgaste, por lo tanto, una intervención organizada define anticipadamente los motivos del proyecto, objetivos, metodología, recursos materiales y humanos, duración y etapas (cuando las haya), estrategias y/o intervenciones específicas. Es recomendable solicitar la opinión y participación de los colaboradores de diferentes niveles, especialmente de los supervisores de área, sin embargo, idealmente la planificación y toma de decisiones debe llevarse a cabo desde el nivel directivo; asimismo, deben contemplarse ajustes y modificaciones conforme se conoce mejor la problemática.

Análisis del problema

Una fase esencial para la creación de un plan preventivo consiste en analizar convenientemente los principales motivos de desgaste, de tal manera que quien está a cargo del proyecto debe responder con antelación a las siguientes preguntas: ¿Cuáles son los principales factores de riesgo en mi organización? ¿Cuáles son los grupos más vulnerables? ¿Qué dinámica de trabajo genera más desgaste? ¿Qué procedimientos o instrumentos debo usar para responder a las preguntas anteriores? Por ejemplo, puede decidirse que las entrevistas a ciertos elementos y a partir de un formato semiestructurado, es la mejor manera de conocer el problema.

Selección del procedimiento de medición

En un plan sistemático debe definirse con claridad el método para determinar la línea base del problema, así como la evolución del mismo después de implementar la estrategia correctiva. Cabe aclarar que el procedimiento de medición se puede dirigir ya sea a las personas (por ejemplo, al medir niveles de estrés y estado de salud general) o a cierto aspecto de la actividad laboral (por ejemplo, ausentismo, entrega de proyectos en tiempo); además, el profesional a cargo del programa preventivo debe ser capaz de argumentar acerca de sus razones para usar determinados instrumentos.

Implementación

Después de definir los elementos preparativos anteriores, continúa la elección e implementación de las estrategias o técnicas preventivas (ver la sección siguiente). Al respecto, el profesional a cargo del programa debe establecer en forma explícita cómo, cuándo, dónde y con quién se implementarán los procedimientos.

Evaluación

Deben conducirse evaluaciones de seguimiento en periodos o tiempos previamente establecidos, de tal manera que sea posible determinar la efectividad del plan de preventivo, al tiempo que se da respuesta a los siguientes cuestionamientos: ¿Cuáles fueron los efectos subjetivos y objetivos del programa? ¿Cuáles fueron los costos y beneficios del proyecto (en términos de financiamiento y productividad)? ¿Qué factores facilitaron la implementación de las estrategias y cuáles obstaculizaron los procedimientos? ¿Es viable y útil continuar con el plan? ¿Qué modificaciones y ajustes deben realizarse?

Estrategias preventivas en instituciones de asistencia

De acuerdo con Grawitch, Gottschalk y Munz[4] un espacio de trabajo saludable contempla cinco dimensiones esenciales: balance trabajo/vida personal, desarrollo y crecimiento de los empleados, salud y seguridad, reconocimiento e involucramiento del trabajador; para lograr lo anterior y en congruencia con los principios delineados, las organizaciones tienen la responsabilidad de ayudar a reducir el riesgo de desgaste, lo cual puede realizarse a través de diferentes estrategias que se categorizan en dos dimensiones: prevención centrada en la persona, y prevención centrada en la actividad laboral, las cuales se presentan a continuación.

Prevención centrada en la persona

Educar acerca de los riesgos comunes de desgaste

Una práctica esencial en las organizaciones asistenciales consiste en proporcionar al personal información científica actualizada acerca de trauma psicológico, así como de los efectos secundarios de desgaste en los profesionales que atienden a personas vulnerables; de esta manera se contribuye a disminuir los efectos negativos de la labor de ayuda.[5] Es importante abordar el tema del desgaste desde un enfoque imparcial y desapasionado, en donde se considere a la fatiga de compasión y trauma vicario como riesgos laborales (el costo de ayudar), con especial cuidado para evitar culpar y/o estigmatizar ya sea al usuario o al profesional mismo.[6]

Educar acerca de las prácticas efectivas de protección

Otra clave importante consiste en educar acerca de las medidas preventivas, al respecto, la dirección tiene la responsabilidad de informar a todo el personal acerca de los riesgos laborales potenciales, pero también de los procedimientos de protección individuales que pueden implementarse y las medidas organizacionales en curso; el enfoque debe ser positivo, centrado en la promoción de un estilo de vida balanceado y saludable, con señalamiento especial de lo que se puede hacer y lograr a través de un enfoque sistemático y basado en la práctica, así como la importancia de la participación activa y conjunta del equipo. Considera que este libro puede servir de base para el fomento de prácticas protectoras individuales.

Crear espacios de descarga emocional

El trabajo asistencial requiere del desarrollo de habilidades profesionales y personales, que pueden cultivarse a través de la práctica supervisada por expertos, en este sentido, el mejor enfoque consiste en celebrar reuniones de asesoría dirigidas por el personal de mayor trayectoria (idealmente por un profesional externo) durante las cuales se construya un ambiente de confianza y respeto para favorecer la apertura de dudas técnicas, dificultades y reacciones personales de índole emocional/cognitiva, derivadas de la actividad asistencial cotidiana con personas vulnerables y víctimas de trauma. El enfoque de estos encuentros debe estar permeado por el profesionalismo respetuoso, encaminado a identificar formas de hacer frente al desgaste y al fomento de estrategias de cuidado personal.

Detectar y resolver necesidades específicas de entrenamiento

Los datos de investigación son claros: las personas más vulnerables y afectadas de burnout y trauma vicario son las menos experimentadas,[7, 8] resulta sencillo entender las razones al considerar a un profesional joven e inexperto, rebasado ante la dificultad de sus tareas, sobrecargado de trabajo y afectado vicariamente al entrar en contacto empático con personas sufrientes, quien se enfrenta además con las características desgastantes de su organización. Desde esta perspectiva, no solo es importante la inducción adecuada de los nuevos empleados, los supervisores tienen la responsabilidad de detectar y atender las necesidades particulares de formación en todo el equipo, ya que de esta manera se capacita en habilidades técnicas, al tiempo que se protege contra el riesgo de desgaste.

Capacitación en mindfulness

El mindfulness se encuentra cada vez más consolidado como una práctica efectiva de autocuidado para profesionales en labores de asistencia, puesto que en el ámbito individual capacita en recursos para manejo de estrés e incremento de la compasión, tolerancia (ante los propios errores) y aceptación de uno mismo; en tanto, en el ámbito organizacional, favorece la creación de un espacio sano de aprendizaje, estimula la innovación y la creatividad, mejora la atención y concentración y reduce los efectos negativos ante tareas múltiples.[9] En las organizaciones puede implementarse una intervención preventiva de tiempo limitado, basada en mindfulness, a través de sesiones de formato grupal conducidas por un experto en el mismo contexto de trabajo.[10]

Reconocimiento de logros

En la Guía de Autocuidado de la Cruz Verde Internacional se estipula que un elemento fundamental para el fomento del autocuidado consiste en reconocer el esfuerzo, compromiso, logros y avances en los objetivos propuestos; esto puede realizarse cuando el mismo profesional busca activamente la retroalimentación positiva de sus usuarios y supervisores, a partir de la formulación de planes de reconocimiento y gratificación a los colaboradores por parte de la dirección, además de evidenciar periódicamente los logros organizacionales; esto puede ayudar a generar estándares adecuados de satisfacción, vinculación emocional y espiritual con la actividad.

Intervención psicológica

La psicoterapia breve puede ser la alternativa ideal para prevenir dificultades emocionales significativas que afectan la calidad de vida y el rendimiento laboral del trabajador. En el contexto del trabajo asistencial, las técnicas psicológicas útiles para capacitar al profesional incluyen: entrenamiento en habilidades sociales, técnicas de relajación, optimismo aprendido y habilidades para regular emociones;[7] asimismo, el terapeuta debe identificar y modificar síntomas y padecimientos psicológicos particulares. La principal limitante de esta estrategia es su costo elevado en términos de tiempo y dinero, por lo que la dirección puede brindar apoyo al recomendar y facilitar las condiciones para hacer uso de estos servicios.

Prevención centrada en la actividad laboral

Limitar el número de usuarios que atiende cada profesional

Cada usuario vulnerable y en particular, los sobrevivientes de experiencias traumáticas o con problemáticas graves, exigen un esfuerzo considerable en términos de energía física, mental y emocional, lo cual en muchos casos requiere del procesamiento de las experiencias internas que se han adquirido empáticamente, es decir, a través de un proceso vicario. Cuando un profesional se satura con un número excesivo de usuarios por atender, la lógica indica que tiene menos oportunidad para cuidar mejor, tanto de sí mismo, como de aquellos a quienes ayuda; por lo tanto, la dirección puede promover la prevención del desgaste al limitar en forma planificada (balanceando con otras tareas) el número de casos o usuarios que atiende cada profesional por día/semana.[5]

Políticas de fomento al autocuidado

Una organización que brinda servicios de protección y cuidado a cierto perfil de usuario, ejemplifica de mejor forma la eficiencia de su actividad al proporcionar un buen trato y promover activamente el autocuidado entre sus colaboradores.[11] La dirección puede hacer mucho al respecto, por ejemplo, a través de políticas que permitan horarios de trabajo flexibles, periodos de descanso adecuados (vacaciones y semana inglesa), tiempo suficiente para recuperarse de una enfermedad, permisos y licencias ante contratiempos personales, apoyo económico para consultoría externa, trabajo en casa y pausas racionales durante la jornada de trabajo.

Crear un ambiente laboral de aprecio, colaboración y respeto mutuos

El profesional puede experimentar el apoyo social que le brinda su organización al sentirse apreciado, valorado y asistido por los miembros de su equipo. La creación sistemática de una cultura de apoyo comienza desde el nivel directivo, donde los líderes tienen la responsabilidad de poner el ejemplo al brindar asistencia tanto formal como informal de tipo emocional, informativa y material; asimismo, la dirección puede reforzar activamente que el colaborador se relacione positivamente y propicie una dinámica de apoyo mutuo entre los miembros de su equipo, lo cual puede fomentar indirectamente al educar acerca de los riesgos laborales y personales asociados al aislamiento.

La creación de equipos de trabajo también se considera un método preventivo eficiente, dado que estimula la mejora del desempeño a partir del fomento de relaciones de cooperación y apoyo, en donde el trabajador obtiene los beneficios de la cercanía emocional y gratificación por crear identidad de grupo que refuerza y aprecia las capacidades y aportaciones personales.[1] Para la formación de equipos es muy importante establecer explícitamente la adscripción o pertenencia específica (quien y cuántos pertenecen), así como el propósito, misión y tareas particulares (responsabilidades); adicionalmente, las tareas del equipo deben ser supervisadas y apoyadas por la organización y sus líderes, a fin de lograr los objetivos propuestos.

Conclusión

Los esfuerzos individuales de autocuidado se pueden sustentar, reforzar y aun materializar a partir de políticas organizacionales en este mismo sentido, por lo tanto, el reto para los líderes consiste en crear las condiciones que favorezcan una cultura de la prevención en todos los niveles, incluido el gerencial. Es importante tener en mente que:

- No existe una fórmula única aplicable a toda organización, de ahí que se propongan diferentes estrategias.
- Cada persona debe hacerse cargo de su salud y bienestar.
- Los líderes tienen responsabilidad de mantener niveles adecuados de bienestar en sus colaboradores.
- Los recursos destinados a la prevención del desgaste (y su costoso gasto reparador), redundan en eficiencia organizacional, por lo tanto, al destinar tiempo, dinero y esfuerzo en la implementación de las prácticas reseñadas en este capítulo, de hecho se está apuntando a cumplir con mayor cabalidad los objetivos de la institución: esta es una de las mejores inversiones posibles.

Por ejemplo, el director de una casa hogar, asistente a uno de mis grupos de autocuidado comentó lo siguiente: "Este espacio terapéutico me ha funcionado enormemente, brindándome principios y herramientas terapéuticas que me han permitido desarrollar mi trabajo con mayor eficiencia, eficacia y amor, además de brindarme buen equilibrio entre mi vida personal y laboral… En mi trabajo me mantengo realizándolo de manera gustosa –nunca perfecto– apoyado y apoyándome en mi equipo, quien por cierto me ha comentado que me observa más relajado".

Reflexiones del capítulo

Realiza un ejercicio de reflexión a partir de los siguientes cuestionamientos.

En mi organización…

- ¿Qué dinámica de trabajo genera más desgaste?
- ¿Cuáles son los factores de riesgo principales?
- ¿Qué compañeros o grupos son los más vulnerables? ¿Por qué?
- ¿Qué procedimientos o instrumentos puedo usar para responder objetivamente a las preguntas anteriores?
- ¿Qué estrategias preventivas –centradas en la persona y en la actividad laboral– serían más efectivas?
- ¿Qué factores facilitarían la implementación de las estrategias y cuáles la obstaculizarían?

Epílogo

Importancia de la búsqueda de ayuda

A manera de epílogo, considero importante puntualizar algunas de las ideas más relevantes expuestas a lo largo del libro. Se describió al burnout, fatiga de compasión y trauma vicario como procesos comunes de desgaste profesional, no obstante los dos últimos son específicos de labores de servicio a personas que experimentan algún grado de vulnerabilidad. burnout es un síndrome que sobreviene como resultado de condiciones de trabajo crónicamente estresantes, se manifiesta en forma de agotamiento físico y emocional (sensación de estar rebasado), a partir del cual surge una actitud cínica e indolente, caracterizada por una pérdida de entusiasmo, interés y compromiso por la actividad; en última instancia, una persona "quemada" comienza a experimentar dudas acerca de su eficiencia y capacidad como trabajador. Sin embargo, es importante señalar que el cuadro descrito es similar a la depresión y que a menudo se resuelve cuando se modifican las condiciones de estrés.

El término trauma vicario se usó en el texto como sinónimo de trauma secundario y alude a los cambios negativos que operan en el profesional que entra en contacto con las experiencias traumáticas de sus usuarios, de forma simple se puede decir que dichas experiencias se transfieren a nuestra persona, de tal manera que en forma gradual afectan nuestra manera de sentir, pensar y actuar; por ejemplo, un profesional puede experimentar paulatinamente mayor tristeza, miedo, desesperanza, decepción y enojo asociados a su actividad asistencial. Es muy importante tener en mente que se trata de un proceso acumulativo, insidioso y relativamente permanente, por lo tanto, representa un gran riesgo puesto que puede pasar desapercibido para nosotros mismos.

Fatiga de compasión se definió como uno de los extremos del continuo cuyo opuesto es satisfacción en la compasión, el término hace referencia al proceso de desgaste en labores asistenciales e incluye síntomas de burnout, trauma vicario y trauma primario (nuestras propias experiencias traumáticas), además de la pérdida gradual de las habilidades y recursos personales que han facilitado el desempeño profesional: empatía, calidez, sensibilidad, paciencia, compasión, etc. Es importante recordar que se concibe como el costo a pagar por todos los profesionales en labores de asistencia, por lo tanto, se trata de un riesgo de trabajo que se puede prevenir, de tal manera que podemos identificar etapas críticas y a través de diferentes estrategias y recursos, movernos hacia el extremo del bienestar profesional y personal.

A lo largo del libro se ofrecieron diferentes herramientas preventivas con sustento científico, las cuales están encaminadas hacia la formulación de un plan de autocuidado estructurado. Entre los principales recursos revisados se encuentran: información sobre el problema (psicoeducación), fomento de la autoobservación y automonitoreo, autoevaluación, incremento del grado de consciencia (del sí mismo), formación de red de apoyo y establecimiento de un balance trabajo/vida personal.

De esta revisión se desprenden dos observaciones importantes: a) el enfoque del texto es preventivo; b) queda claro que una manera efectiva de mantenernos protegidos consiste en conocernos mejor y observarnos constantemente; a partir de ello es posible detectar y corregir síntomas anormales en nosotros mismos. Si bien los profesionales nos movemos constantemente en un continuo desgaste/bienestar, la experiencia indica que cuando una persona ha rebasado niveles críticos de afectación, le será cada vez más difícil recuperarse por cuenta propia, es decir, que el desgaste habrá minado la capacidad personal de restablecimiento, de tal manera que ya no será suficiente con un enfoque preventivo, lo que hará necesaria la intervención correctiva por parte de un experto.

Muchos profesionales en labores asistenciales son reacios a buscar ayuda, por lo que es importante recordar que más que un fracaso o debilidad, de esta manera se está comunicando responsabilidad, compromiso, valentía, autoaceptación, autoconocimiento, amor propio, fortaleza, humildad y deseo de progreso, es decir, todas las cualidades que deseamos desarrollar en nuestros usuarios y también aquellas que nos hacen mejores personas/trabajadores.

Una vez puntualizado lo anterior, conviene tener en mente los síntomas de desgaste que representan focos rojos y señalan la necesidad de asistencia inmediata por parte de un profesional de la salud mental que se muestran a continuación:

Síntomas críticos de burnout

- Aislamiento extremo: experimentas una necesidad importante e impostergable de estar solo, las relaciones personales te incomodan, representan una molestia y a menudo suelen terminar en fricciones.
- Altos niveles de ansiedad: experimentas una carga de estrés, tensión y ansiedad que no puedes manejar adecuadamente, la cual se manifiesta en síntomas tales como insomnio, sensación de ahogo, intranquilidad permanente, ataques de pánico, atracones alimentarios, etcétera.
- Irritabilidad: el trato que mantienes con los demás es a menudo ríspido y difícil, puesto que te muestras hipersensible, irritable, desconfiado e incluso paranoico; bajo estas circunstancias, no es difícil que tengas confrontaciones tanto en el trabajo como en casa; e incluso las personas cercanas rehúyen el contacto contigo.
- Anhedonia: has perdido el interés y pasión por las cosas que antes disfrutabas y amabas, incluso las tareas más elementales (bañarte, arreglarte, ordenar tu espacio, etc.) representan un esfuerzo considerable.
- Consumo de alcohol/drogas: tu carga de estrés genera una mayor necesidad de estas sustancias, por lo que se instaura una pauta de abuso y surgen problemas adicionales (laborales, sociales, económicos y familiares).
- Estado de ánimo negativo: la mayor parte del día experimentas estados afectivos con negatividad intensa, en los que predominan la desesperanza, desesperación, culpa, enojo, angustia, tristeza y vacío.
- Ideación suicida: tu experiencia interna y externa te aportan un grado intenso de dolor e incomodidad inescapables, de tal manera que puedes comenzar a percibir al suicidio como una opción posible.

> - Malestares físicos frecuentes: en los últimos meses has experimentado un deterioro grave en tu salud, por ejemplo, presentas infecciones repetidas, enfermedades del sistema digestivo, problemas en la piel, pérdida significativa de peso o dolor muscular.

La recomendación es que solicites asistencia inmediata si padeces tres o más de estos síntomas en grado significativo (limitan tu calidad de vida), especialmente cuando te han generado un malestar persistente durante un mes o más. Sin lugar a dudas te encuentras en un riesgo que atenta contra tu salud, seguridad, bienestar e integridad.

Síntomas críticos de trauma vicario/fatiga de compasión

> - Recuerdos traumáticos reiterativos: te sientes invadido por imágenes y otros recuerdos de naturaleza traumática, cuyo contenido te fue compartido por un usuario o bien, lo experimentaste en persona. Este material te genera cada vez un malestar intenso y no puedes evitar su reiteración mental en forma de pesadillas, flashbacks y/o preocupaciones recurrentes al menos tres días de la semana.
> - Evitación de temas conflictivos: el malestar que te genera el material de naturaleza traumática es de tal intensidad, que evitas persistentemente hablar y/o pensar en ello. Evitas activamente la mayor parte de los días a tus usuarios para mantenerte protegido frente a estas reacciones.
> - Emociones negativas: padeces un estado emocional crónicamente alterado e intensamente negativo, similar al descrito en el cuadro de arriba respecto a ansiedad, irritabilidad, aislamiento y estado de ánimo negativo.
> - Cambios negativos en la forma de pensar: presentas un convencimiento persistente y absolutista acerca de ti mismo, los demás y/o el mundo, el cual es de naturaleza negativa; por ejemplo "soy mala persona", "no puedo confiar en nadie", "el mundo es un peligro total", "no puedo ayudar a nadie" o "soy un fracaso". Puedes notar que anteriormente no pensabas de esta manera, pero ahora no puedes evitarlo.

> - Erosión de las cualidades de contacto humano: te resulta muy difícil sentir empatía, afecto genuino, preocupación, interés y disposición por las personas que te rodean, incluidos tus usuarios, familiares, amigos y colegas.

Al igual que con los síntomas críticos de burnout, está indicada la necesidad de asistencia inmediata cuando ocurren tres o más de los síntomas descritos, los cuales son de intensidad importante como para limitar seriamente tu trabajo y vida personal, hecho que es más relevante cuando la duración de estos padecimientos es de más de un mes.

Te recomiendo que solicites los servicios de un profesional de la salud mental entrenado, solo ellos están calificados para realizar un diagnóstico y formular un tratamiento adecuado:

Psicólogo: es un experto en conducta humana lo cual lo capacita para diagnosticar el problema, entender las causas y formular un plan correctivo fundamentado.

Psiquiatra: es un médico especialmente capacitado para diagnosticar y atender problemas emocionales y del comportamiento, su entrenamiento lo faculta para prescribir fármacos que ayudan a aliviar el padecimiento; no obstante, no todo psiquiatra tiene la formación para conducir un tratamiento psicoterapéutico.

Psicoterapeuta: es un profesional que cuenta con preparación de posgrado en una determinada escuela de psicoterapia, lo cual lo faculta para diagnosticar y conducir un tratamiento psicológico. Lo ideal es que cuente con formación previa como psicólogo o psiquiatra, además, que tenga conocimientos sobre el tema de desgaste y trauma en general.

Finalmente, si tienes dudas, ten presente que tienes derecho a solicitar información de la formación y experiencia al profesional que te presta sus servicios: es tu salud y tu vida, mereces el mismo empeño, afecto, dedicación, interés, ternura, involucramiento y respeto que dedicas al cuidado de otros.

> En la medida en que cuidas y proteges al recurso más importante: a ti mismo, tus usuarios, pacientes, familia, amigos, te lo agradecerán.

Referencias bibliográficas

Introducción

1. Shapiro, S. L., Carlson, L. E. (2009). *The Art and Science of Mindfulness. Integrating Mindfulness Into Psychology and the Helping Professions.* American Psychological Association. Washington DC; pp 108.

2. Lavrova, K., Levin, A. (2006). Burnout *Syndrome: Prevention and Management.* Handbook for Workers of Harm Reduction Programs. Central and Eastern European Harm Reduction Network. Recuperado de página web http://www.harmreduction.org/sites/default/files/pdf/burnout_syndrome_06_en_0.pdf

3. Zurbriggen, E. L. (2011). Preventing Secondary Traumatization in the Undergraduate Classroom: Lessons from Theory and Clinical Practice. *Psychological Trauma: Theory, Research, Practice, and Policy,* 3, 223–228.

4. Green Cross Academy of Traumatology. (2015). Standards of Self-Care Guidelines. Recuperado de página web: www.traumatologyacademy.org

5. Mathieu, F. (2012). *The Compassion Fatigue Workbook. Creative tools for transforming Compassion Fatigue and Vicarious Traumatization.* Taylor & Francis Group, Nueva York.

6. Van Dernoot, L., Burk, C. (2009). *Trauma Stewardship. An Everyday Guide to Caring for Self While Caring for Others.* Berret-Kholer Publishers, San Francisco, CA.

7. Teater, M., Ludgate, J. (2014). *Overcoming Compassion Fatigue. A practical Resilience Workbook.* PESI publishing & Media, Wisconsin, EUA.

8. Richardson, C. (1999). *Take Time for your Life.* Random House Inc, Nueva York.

Capítulo I

1. Shenesey, J. W., Langhinrichsen-Rohling, J. Perceived Resilience: Examining Impacts of the Deepwater Horizon Oil Spill One-Year Post-Spill. *Psychological Trauma: Theory, Research, Practice, and Policy* (2014), 7, 252-258.

2. Leiter, M., Maslach, C. *Banishing Burn Out. Six strategies for improving your relationship with work.* San Francisco, CA (2005), Jossey-Bass.

3. Schwarzer, R., Hallum, S. Perceived Teacher Self-Efficacy as a Predictor of Job Stress and Burnout: Mediation Analyses. *Applied Psychology: An international Review* (2008). 57, 152–171.

4. Greene, G. *A Burnt-Out Case.* Penguin Classics, EUA (1960).

5. Freudenberger, H. J. Staff Burn-Out. *Journal of Social Issues* (1974). 30, 159-165.

6. Maslach, C. Burn-Out. *Human Behavior* (1976). 5, 16-22.

7. Figley, C. R. Compassion Fatigue: Psychotherapists' Chronic Lack of Self Care. *Journal of Clinical Psychology In Session* (2002). 58, 1433–1441.

8. Real Academia de la Lengua Española (2015). Consulta de la página web: http://lema.rae.es/drae/?val=compasi%C3%B3n

9. Palacios, L., Heinze, G. Trastorno por estrés postraumático, una revisión del tema (primera parte), *Salud Mental* (2002). 25, 19-26.

10. Figley, C.R. Compassion stress and the family therapist. *Family Therapy News* (1993). pp. 1–8.

11. Figley, C.R. Compassion stress as secondary traumatic stress disorder: an overview. En Figley, C. R. (Ed.), *Compassion fatigue: Secondary traumatic stress disorder in treating the traumatized.* Brunner/Mazel, Nueva York (1995).

12. Currier, J., Holland, J., Rojas-Flores, L., Herrera, S., Foy, D. Morally Injurious Experiences and Meaning in Salvadorian Teachers Exposed to Violence. *Psychological Trauma: Theory, Research, Practice, and Policy* (2013). 7, 24–33.

13. Lützén, K., Cronqvist, A., Magnusson, A., Andersson, L. Moral stress: synthesis of a concept. *Nursing Ethics* (2003). 10, 312-22.

14. McCarthy, J., Gastmans, C. Moral distress. A review of the argument-based nursing ethics literature. *Nursing Ethics* (2015). 22, 131-152.

Capítulo 2

1. Maslach, C., Leiter, M. Early Predictors of Job Burnout and Engagement. *Journal of Applied Psychology* (2008). 93, 498–512.

2. Leiter, M., Maslach, C. *Banishing Burn Out. Six strategies for improving your relationship with work.* Jossey-Bass, San Francisco, CA (2005).

3. Maslach, C. Burnout. *The Cost of caring.* Malor. Cambridge, MA (2003).

Capítulo 3

1. Bährer-Kohler, S. Burnout *for Experts. Preventing in the context of Living and Working.* Springer Press, Nueva York (2013).

2. Maslach, C. (2003). Burnout. *The cost of Caring.* Malor, Cambridge (2003).

3. Bakker, A., Van Der Zee, K., Lewig, K., Dollard, M. The Relationship Between the Big Five Personality Factors and Burnout:

A Study Among Volunteer Counselors. *The Journal of Social Psychology* (2002), *135, 1-20.*

4. Langelaan, S., Bakker, A. B., van Doornen, L., Schaufeli, W. Burnout and work engagement: Do individual differences make a difference? *Personality and Individual Differences* (2006). 40, 521–532.

5. Azeem, S. M. Conscientiousness, Neuroticism and Burnout among Healthcare Employees. *International Journal of Academic Research in Business and Social Sciences* (2013). *3, 467- 477.*

6. Connolly, J., Viswesvaran, C. The role of affectivity in job satisfaction: a meta-analysis. *Personality and Individual Differences* (2000). 29, 265–281.

7. Mommersteg, P., Denollet, J., Martens, E. Type d personality, depressive symptoms and work-related health outcomes. *Scandinavian Journal of Public Health* (2012). 40, 35-42.

8. Iacovides, A., Fountoulakis, K.N., Kaprinis, S., Kaprinis, G. The relationship between job stress, burnout and clinical depression. *Journal of Affective Disorders* (2002). 75, 209-221.

9. Nyklicek, I., Pop, V. J. M. Past and familial depression as predictors of burnout in a working population sample (2005) *Journal of Affective Disorders*, 88, 63-68.

10. Zhong, J. You, J., Gan, Y., Zhang, Y., Lu, C. Job Stress, Burnout, Depression Symptoms, and Physical Health Among Chinese University Teachers. *Psychological Reports* (2009). 105, 1-7.

11. Mealer, M., Burnham, E., Goode, C., Rothbaum, B., Moss, M. The prevalence and impact of post traumatic stress disorder and burnout syndrome in nurses. *Depression and Anxiety* (2009). 26, 1118–1126.

12. Abendroth, M., Flannery, J. Predicting the Risk of Compassion Fatigue. *A Study of Hospice Nurses. Journal of hospice and palliative nursing* (2006). 8, 346- 356.

13. Lazarus, R. S., Folkman, S. *Estrés y procesos cognitivos.* Martínez Roca. Barcelona (1986).

14. Otero, J. M. *Estrés laboral y* burnout *en profesores de enseñanza secundaria.* Ediciones Díaz de Santos, Madrid, España (2015).

15. Justin, V., Shah, S., Muncer, S. Teacher stress and coping strategies used to reduce stress. *Occupational Therapy International* (2005). 12, 63-80.

Capítulo 4

1. Leiter, M., Shaughnessy, K. The Areas of Worklife Model of burnout: tests of mediation relationships. *Ergonomia* (2006). 28, 327–341.

2. Ahola, K., Toppinen-Tanner, S., Huuhtanen, P., Koskinen, A., Väänänen, A. Occupational burnout and chronic work disability: an eight-year cohort study on pensioning among Finnish forest industry workers. *Journal of Affective Disorders* (2009). 115, 150-159.

3. Hakanen, J. Wilmar B. Schaufeli. Do burnout and work engagement predict depressive symptoms and life satisfaction? A three-wave seven-year prospective study. *Journal of Affective Disorders* (2012). 141, 415-424.

4. Houtman, I., Jettinghoff, K., Cedillo, L. (2007). Raising awareness of stress at work in developing countries: a modern hazard in a traditional working environment: advice to employers and worker representatives. Protecting Workers' Health Series No. 6, World Health Organization, recuperado de página web: http://www.who.int/occupational_health/publications/raisingawarenessofstress.pdf

5. Shanafelt, T., Boone, S., Tan, L. *et al.* Burnout and Satisfaction With Work-Life Balance Among US Physicians Relative to the General US Population. *Archives of Internal Medicine (2012).* 172, 1377-1385.

6. Bruce, S. M., Conaglen, H. M., Conaglen, J. Burnout in physicians: a case for peer-support. *Internal Medicine Journal* (2005). 35, 272–278.

7. Gleichgerrcht, E., Decety, J. The relationship between different facets of empathy, pain perception and compassion fatigue among physicians. *Frontiers in Behavioral Neurosciences* (2014). 8, 1-9.

8. Hall, D. Work-related stress of registered nurses in a hospital setting. *Journal for Nurses in Staff Development* (2004). 20, 6–14.

9. Yoder, E. Compassion fatigue in nurses. *Applied Nursing Research* (2010). 23, 191–197.

10. Watts, J. Exploring Nurses' Experiences of Older Adult Care: Mixed Methods Study. Tesis para obtener el grado de doctor en filosofía (2013). Recuperado de página web: https://lra.le.ac.uk/bitstream/2381/28195/1/2013WattsJPhD.pdf

11. Potter, P., Deshields, T., Divanbeigi, J., *et al.* Compassion Fatigue and Burnout: Prevalence Among Oncology Nurses. *Clinical Journal of Oncology Nursing* (2010). 14, 56-62.

12. Vargas, C., Cañadas, G., Aguayo, R., Fernández, R. de la Fuente, E. Which occupational risk factors are associated with burnout in nursing? A meta-analytic study. *International Journal of Clinical and Health Psychology* (2014). 14, 28–38.

13. Pedrini, L., Magni, L., Giovannini, C., Panetta, V., Zacchi, V., Rossi, G., Placentino, A. Burnout in Nonhospital Psychiatric Residential Facilities. *Psychiatric Services* (2009). 60, 1547- 1551.

14. Abendroth, M., Flannery, J. Predicting the Risk of Compassion Fatigue: A Study of Hospice Nurses. *Journal of Hospice and Palliative Nursing* (2006). Vol. 8, No. 6, 346- 356.

15. Conrad, D., Kellar-Guenter, Y. Compassion fatigue, burnout, and compassion satisfaction among Colorado child protection workers. *Child abuse and Neglect* (2006). 30, 1071-1080.

16. Ray, S., Wong, C., White, D., Heaslip, K. Compassion Satisfaction, Compassion Fatigue, Work Life Conditions, and Burnout

Among Frontline Mental Health Care Professionals. *Traumatology* (2013). 19, 255-267.

17. Lasalvia, A., Bonetto, C., Bertani, M., *et al.* Influence of perceived organizational factors on job burnout: survey of community mental health staff. *The British Journal of Psychiatry* (2009). 195, 537–544.

18. Cohen, K., Collins, P. The Impact of Trauma Work on Trauma Workers: A Metasynthesis on Vicarious Trauma and Vicarious Posttraumatic Growth. *Psychological Trauma: Theory, Research, Practice, and Policy* (2013). 5, 570–580.

19. Boscarino, J. A., Figley, C. R., Adams, R. Compassion Fatigue Following the September 11 Terrorist Attacks: A Study of Secondary Trauma among New York City Social Workers. *International Journal of Emergency Mental Health and Human Resilience* (2004). 6, 57–66.

20. Gil-Monte, P., Unda, S. R., Sandoval, J. Validez factorial del «Cuestionario para la Evaluación del Síndrome de Quemarse por el Trabajo» (CESQT) en una muestra de maestros mexicanos. *Salud Mental* (2009). 31, 205-214.

21. Abraham-Cook, S. The Prevalence and Correlates of Compassion Fatigue, Compassion Satisfaction, and Burnout Among Teachers Working in High-Poverty Urban Public Schools. *Seton Hall University Dissertations and Theses (ETDs,* 2012). Paper 1814. Recuperado de página web:
http://scholarship.shu.edu/cgi/viewcontent.cgi?article=2820&context=dissertations

22. Levin, A., Greisberg, S. *Vicarious Trauma in Attorneys. Pace Law Review* (2003). 24, 245- 252.

23. Vrklevski, L, Franklin, J. Vicarious Trauma: The Impact on Solicitors of Exposure to Traumatic Material. *Traumatology* (2008). 14, 106-118.

24. Piwowarczyk, L., Ignatius, S., Crosby, S., *et al.* Secondary Trauma in Asylum Lawyers. *Bender's Immigration Bulletin* (2009). 14, 1-9.

25. De la Fuente, E., Aguayo, R., Vargas, C., Cañadas, G. Prevalence and risk factors of burnout syndrome among Spanish police officers. *Psicothema* (2013). 25, 488-493.

26. Palmer, R., Spaid, W. Authoritarianism, Inner/Other Directedness, and Sensation Seeking in Firefighter/Paramedics: Their Relationship with Burnout. *Prehospital and Disaster Medicine* (2012). 11, 11-15.

27. Wagner, D., Heinrichs, M., Ehlert, U. Prevalence of Symptoms of Posttraumatic Stress Disorder in German Professional Firefighters. *American Journal of Psychiatry* (1998). 155, 1727–1732.

28. Juárez-García, A., Idrovo, A., Camacho-Avila, A., Placencia-Reyes, O. Síndrome de burnout en población mexicana: Una revisión sistemática. *Salud Mental* (2014). 37, 159-176.

29. Meda- Lara, R., Moreno-Jiménez, B., Palomera, A., Vázquez, Castellanos, J. L. Evaluación de estrés traumático secundario en profesional paramédico y bomberos del Estado de Jalisco, México. *Terapia Psicológica* (2012). 30- 31-41.

Capítulo 5

1. Freudenberger, H. J., North, G. The Burnout Cycle. *Scientific American Mind* (2006). 31.

2. Ponocny-Seliger, E., Winker, R. 12-phase burnout screening-development, implementation and test theoretical analysis of a burnout screening based on the 12-phase model of Herbert Freudenberger and Gail North. *Occupational, Social and Environmental Medicine* (2014). Recuperado de página web: http://www.asu-arbeitsmedizin.com/12-phase-burnout- screening-development-implementation-and-test-theretical-analysis-of-a-burnout-screening-based-on-the-12-phase-model-of-Herbert-Freudenberger-and-Gail-Nor,QUlEPTYyMzQ1MiZNSUQ9MTEzODIx.html

Capítulo 6

1. Mathieu, F. *The Compassion Fatigue Workbook. Creative tools for transforming Compassion Fatigue and Vicarious Traumatization.* Taylor & Francis Group, Nueva York. (2012).

2. Van Dernoot, L. Burk, C. *Trauma Stewardship. An Every Day Guide to Caring for Self While Caring for Others.* Berret-Koehler Publishers, Inc. San Francisco, CA (2009).

Capítulo 7

1. Stamm, B.H. *The Concise ProQOL Manual,* 2nd Ed. Pocatello (2010). Recuperado de página web www.ProQOL.org

2. Shirom, A., Melamed, S. A comparison of the construct validity of two burnout measures in two groups of professionals. *International Journal of Stress Management* (2006). 13, 176-200.

3. Gil-Monte, P., Unda, S. R., Sandoval, J. Validez factorial del «Cuestionario para la Evaluación del Síndrome de Quemarse por el Trabajo» (CESQT) en una muestra de maestros mexicanos. *Salud Mental* (2009). 31, 205-214.

Capítulo 8

1. Green Cross Academy of Traumatology Standards of Self-Care Guidelines (2015). Recuperado de página web www.traumatologyacademy.org

Capítulo 9

1. Durán, C. *Conócete a ti mismo. Lo que nos aporta esta máxima en los caminos de la filosofía.* Universidad Nacional de San Martín, ensayo (2011). Recuperado de página web:

http://www.academia.edu/3840041/Con%C3%B3cete_a_ti_mismo._Lo_que_aporta_est%C3%A1_m%C3%A1xima_en_los_caminos_de_la_filosof%C3%ADa

2. Platón. *Obras completas de Platón.* Tomo 1. Cármides: 209-253. Medina y Navarro. Madrid

Capítulo 10

1. Bowlby, J. *Attachment and loss: vol. 1. Attachment.* Basic Books. Nueva York (1969).

2. Sheldon, K. M., Abad, N., Hinsch, C. A two-process view of Facebook use and relatedness need-satisfaction: Disconnection drives use, and connection rewards it. *Journal of Personality and Social Psychology* (2011). 100, 766-775.

3. Holt-Lunstad J., Smith, T. B., Layton, J. B. Social Relationships and Mortality Risk: A Meta-analytic Review. PLoS Med (2010). 7. Recuperado de página web: e1000316. doi: 10.1371/journal.pmed.1000316

4. Toker, S., Laurence, G., Fried, Y. Fear of terror and increased job burnout over time: Examining the mediating role of insomnia and the moderating role of work support. *Journal of Organizational Behavior* (2015). 36, 272–291.

5. Miller, A. Friends wanted. *Monitor on Psychology* (2014). 45, 54-58.

6. Aron, A., Melinat, E., Aron, E. N., Vallone, R. D., Bator, R. J. The experimental generation of interpersonal closeness: a procedure and some preliminary findings. *Personality and Social Psychology Bulletin* (1997). 23, 363-377.

7. Masi, C. M., Chen, H., Hawkley, L. C., Cacioppo, J. T. A meta-analysis of interventions to reduce loneliness. *Personality and Social Psychology Review* (2010). 15, 219–266.

Capítulo 11

1. Zurbriggen, E. L. Preventing Secondary Traumatization in the Undergraduate Classroom: Lessons From Theory and Clinical Practice. *Psychological Trauma: Theory, Research, Practice, and Policy* (2011). 3, 223–228.

2. Richardson, C. *Take Time for your Life*. Random House Inc, Nueva York (1999).

Capítulo 12

1. Latham, G. P., Locke, E. A. Self-regulation through goal setting. *Organizational and Human Decision Processes* (1991). 50, 212-247.

2. Koch, A. K., Nafziger, J. Self-Regulation through Goal Setting. IZA Discussion Paper No. 3893 (2008). recuperado de página web http://ftp.iza.org/dp3893.pdf

3. Martin, G., Pear, J. *Modificación de conducta. Qué es y cómo aplicarla*. Prentice Hall. Madrid (1999).

4. Saakvitne, K. W., Pearlman, L. A. *Transforming the Pain. A Workbook on Vicarious Traumatization*. Norton & Company Inc. Nueva York (1996).

Capítulo 13

1. Mathieu, F. *The Compassion Fatigue Workbook. Creative tools for transforming Compassion Fatigue and Vicarious Traumatization*. Taylor & Francis Group. Nueva York (2012).

2. Lu, S. Mindfulness holds promise for treating depression. *Monitor in Psychology* (2015). 46, 50-54.

3. Romani, M., Ashkar, K. (2014). Burnout among physicians. *Libyan Journal of Medicine*. 9: 23556. Recuperado de página web http://dx.doi.org/10.3402/ljm.v9.23556

4. Baer, R. Mindfulness training as a clinical intervention: A conceptual and empirical review. *Clinical Psychology: Science and Practice* (2003). 10, 125-143.

5. Hofmann, S., Sawyer, A., Witt, A., Oh, D. The Effect of Mindfulness-Based Therapy on Anxiety and Depression: A Meta-Analytic Review. *Journal of Consulting and Clinical Psychology* (2010). 78, 169–183.

6. Kabat-Zinn, J. Mindfulness-based interventions in context: past, present, and future. *Clinical Psychology: Science and Practice* (2003). 10, 144–156.

7. Irving, J. A., Dobkin, P. L., Park, J. Cultivating mindfulness in health care professionals: A review of empirical studies of mindfulness-based stress reduction (MBSR). *Complementary Therapies in Clinical Practice* (2009). 15, 61–66.

8. Shapiro, S. L., Carlson, L. E. *The Art and Science of Mindfulness. Integrating Mindfulness Into Psychology and the Helping Professions.* American Psychological Association. Washington DC (2009).

9. Shapiro SL, Brown K, Biegel G. Self-care for health care professionals: Effects of MBSR on mental wellbeing of counseling psychology students. *Training and Education in Professional Psychology* (2007). 1, 105–15.

10. Christopher, J. C., Maris, J. Integrating mindfulness as self-care into counselling and psychotherapy training. *Counselling and Psychotherapy Research* (2010). 10, 114-125.

11. Trainor, K. *Budismo. Principios, práctica, rituales y escrituras sagradas.* Editorial Blume. Barcelona (2008).

12. Siegel, D. Mindfulness training and neural integration: Differentiation of distinct streams of awareness and the cultivation of well-being. *Social Cognitive and Affective Neuroscience* (2007). 2, 259-263.

Capítulo 14

1. Quick, J. C., Wright, T.A., Adkins, J. A., Nelson, D. L., Quick, J.D. *Preventive Stress Management in Organizations.* American Psychological Association. Washington DC (2013).

2. Lazarus, R. S., Folkman, S. *Estrés y procesos cognitivos.* Martínez Roca. Barcelona (1986).

3. Kompier, M., Cooper, C., Geurts, S. A multiple case study approach to work stress prevention in Europe. *European Journal of Work and Organizational Psychology* (2000). 9, 371-400.

4. Grawitch, M., Gottschalk, M., Munz, D. The path to a healthy workplace: A critical review linking healthy workplace practices, employee well-being, and organizational improvements. *Consulting Psychology Journal: Practice and Research* (2006). 58, 129–147.

5. Trippany, R., Kress, V., Wilcoxon, S. Preventing vicarious trauma: What counselors should know when working with trauma survivors. *Journal of Counseling & Development* (2004). 82, 31-37.

6. Edmund, D. Bland, P. Self-Care and a Healthy Work Place. De *Real Tools: Responding to Multi-Abuse Trauma* Alaska Network on Domestic Violence and Sexual Assault (2011). Recuperado de página web: http://www.andvsa.org/wp-content/uploads/2013/02/13b-SHORTER-VERSION-Self-Care-and-a-Healthy-Workplace.pdf

7. Bährer-Kohler, S. Burnout *for Experts. Preventing in the context of Living and Working.* Springer Press. Nueva York (2013).

8. WCSAP-Washington Coalition of Sexual Assault Programs. Vicarious trauma: An interview with Golie Jansen, associate professor, Department of Social Work, Eastern Washington University. *Research & Advocacy Digest* (2004). 6. Recuperado de página web: http://opendoorsnh.blogspot.mx/2011/03/vicarious-trauma-interview-with-golie.html

9. Reb, J., Atkins, P. *Mindfulness in Organizations: Foundations, Research, and Applications.* Cambridge University Press. United Kingdom (2015).

10. Barceli, D., Napoli, M. A Proposal for a Mindfulness-Based Trauma-Prevention Program for Social Work Professionals. *Complementary Health Practice Review* (2007). 11, 1-13.

11. Courtois, C.A., Ford, J.D. *Treating complex traumatic stress disorders: An evidence-based guide.* The Guilford Press. Nueva York (2009).

Acerca del autor

Es psicólogo clínico con los grados de maestría y doctorado (Facultad de Psicología, UNAM), diplomado en terapia narrativa, miembro de la American Psychological Association, especializado en la evaluación, diagnóstico y tratamiento con terapia cognitivo conductual de problemas emocionales y del comportamiento en niños, adolescentes y adultos.

Cuenta con 15 años de experiencia como consultor particular. Ha colaborado como capacitador, asesor e investigador con QUIERA, Fundación de la Asociación de Bancos de México, A.C. Ha trabajado en proyectos de investigación en temas relacionados al tratamiento del trastorno de estrés postraumático, autolesiones no suicidas, trastornos de la eliminación y trastornos disociativos.

Ha publicado documentos científicos especializados tanto en México como en el extranjero.

Dudas, comentarios y orientación referente al libro,
favor de ponerse en contacto al correo:
miguelmarintejeda@gmail.com

Esta obra se terminó de imprimir
en febrero de 2016, en los Talleres de

IREMA, S.A. de C.V.
Oculistas No. 43, Col. Sifón
09400, Iztapalapa, D.F.